きょうの編みもの

三國万里子

文化出版局

「マフラーよりむずかしい」ものを初めて作ったのは12歳のときです。
少女向けの手芸雑誌を参考に、うちにあった並太の毛糸で
編込みのポンポン帽を作りました。
なかなかうまくできた、とうれしく思ったことを覚えています。

それからは、ゴルフクラブのカバーを父に。
親切にしていただいた保健室の先生に青い靴下、
自分用にメリヤスのベスト、と次々に編みました。
転校した先でざわざわした気分が続いていた日々、ただ手もとを見つめて編んでいると
自分がひとつにまとまっていくようで、落ち着けました。

あれからずいぶん時間が経って、自分に12歳の子どもがいる今も
編みものが好きだという気持ちは少しも変わらず、毎日毎日編んでいます。

帽子は1日でできます。
ミトンなら1日から3日くらい。
ウェアだと、ものによってかかる日数はいろいろです。
失敗することもしばしばだけど、それほどがっかりはしません。
うまくいっていないことに気づいてよかったなと思いながら、ほどきます。

ほどきながら、こころは軽い。
作るもののイメージが前よりはっきり見えます。
ひと息入れて再チャレンジするときには
たったかたー、と編むスピードもこころもちアップしていきます。

手の中にある編みかけのものがきれいだから、
完成したらきっとすてきだと信じられるから編み続けられます。
でき上がるのはまだまだ先だとわかっていても。

あなたは何を編みますか。
針を握って、1本の糸から何かを作り出そうとしているとき
あなたとわたしはきっと、少し似ている。
左から右に、左から右にと移っていく編み目を追いかけている、高揚した気分。
ときどき成果を確かめるために手を止めて。

ひょいと見にいけたら、と思う。
あなたのきょうの、編みもの。

三國万里子

CONTENTS

フェアアイルベスト —— 04
カラフルミトン —— 06
アランの衿つきカーディガン —— 08
ダイヤモンド + ガーターのミトン —— 10
三つまた手袋 —— 11
しましまセーター —— 12
星だらけの帽子 —— 14
雪だらけの手袋 —— 15
大きなボタンのカーディガン —— 16, 18
ポンポンキャスケット —— 17
ねじねじマフラー —— 20
エッフェルタワーのショール —— 22
クロッカス色のヨークセーター —— 24
ケーブルを並べたキャップ —— 26
白いベスト —— 27
レースフレームのカーディガン —— 28
どうぶつミトン —— 29
きれいな色のモヘアのしましまセーター —— 30
穴あきモヘアキャップ —— 31, 20
アンゴラのレーストップ —— 32
刺繍のポシェット —— 33, 22

INDEX —— 34
フェアアイルベストの編み方レッスン —— 36

この本で使用している糸 —— 41
作品の編み方 —— 42
編み物の基礎 —— 82

フェアアイルベスト

シェットランドヤーンを使って
フェアアイルのベストを作るのが大好きです。
柄を追いかけてただ編むことの幸せに
ひたることができるから。
ぐるぐると輪で肩まで編んだら、
首と袖のあきをはさみで切り開きます！
ベストの形がぱっと現われる、クライマックスです。
こわーい、なんて言わずにぜひトライしてください。
プロセスで「切る」手順を説明していますので、
どうぞご参考に。

see page > **36**

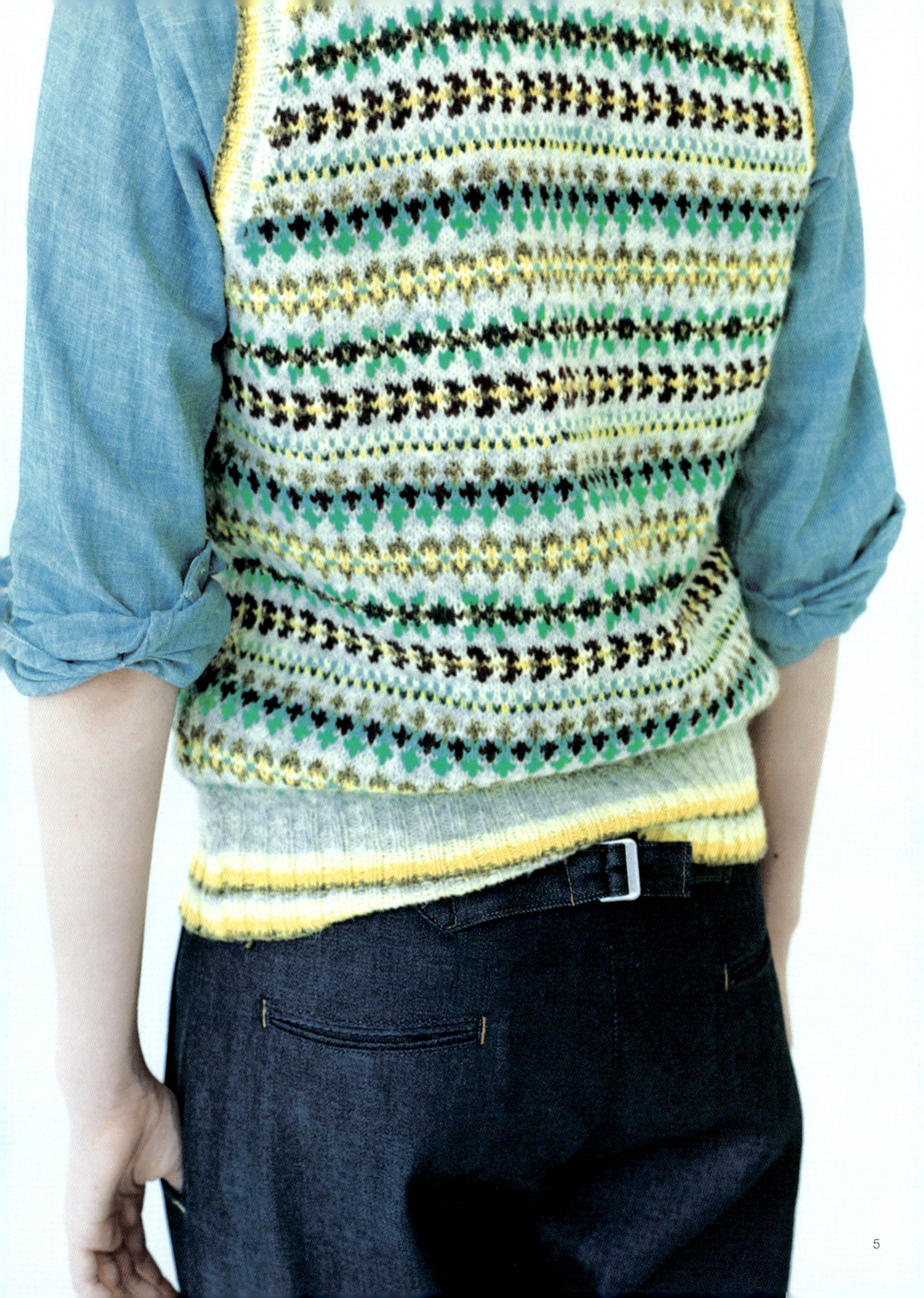

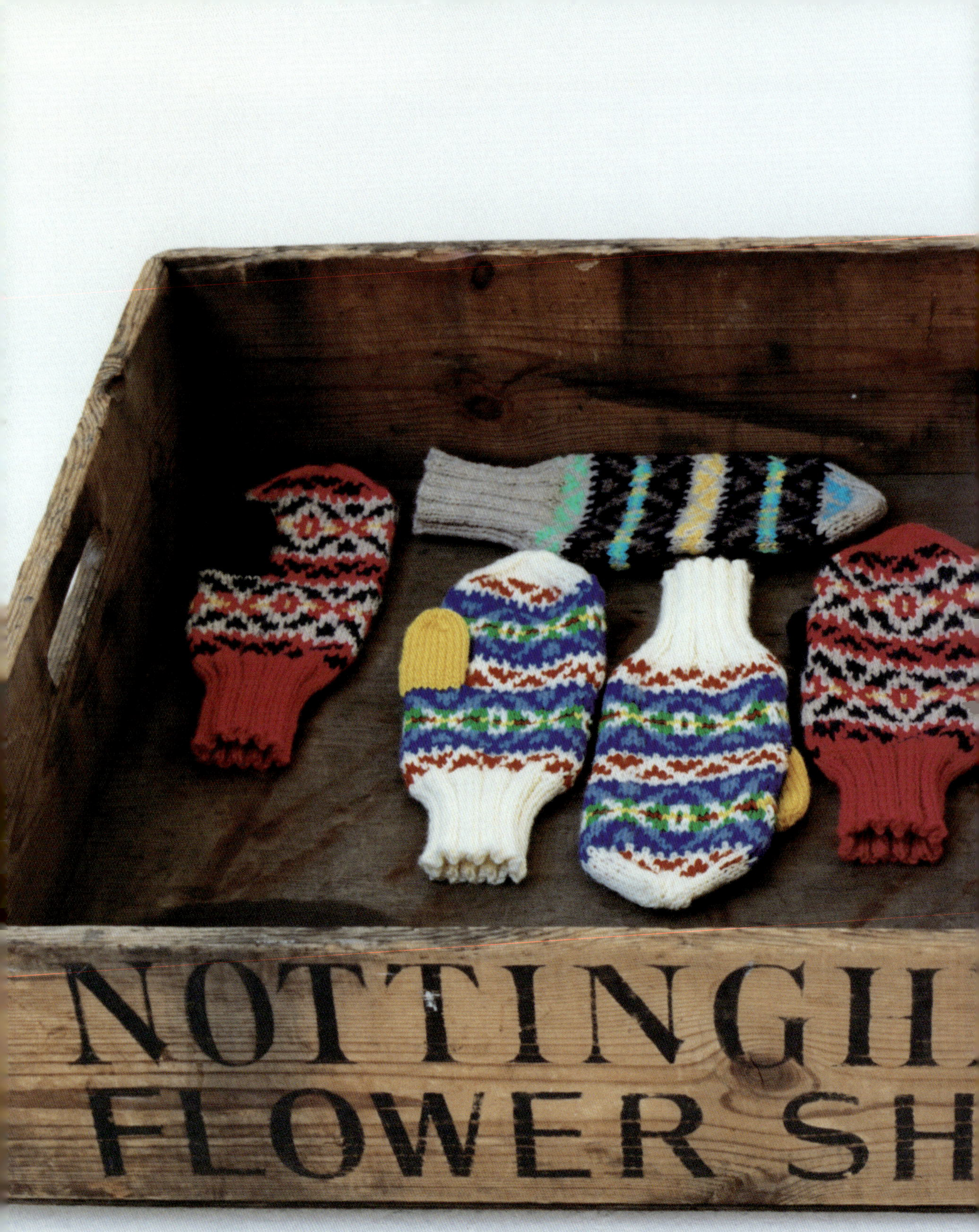
NOTTINGH
FLOWER SH

カラフルミトン

元気な色を選んでフェアアイル柄のミトンを3組み編みました。
3つともパターンは共通ですが、色を切り替える場所によって柄の見え方が変わります。
メインカラー以外の糸は少しずつあれば充分なので、
お手もとにカラフルな残り糸があれば、それを利用するのもいいですね。

see page > **42**

アランの衿つきカーディガン

持っていてもまた編んでしまう
アランのカーディガン。
今年の1枚は首にそう小さな衿と
ポケットをつけて、
編む楽しさをぎゅっと詰めました。
身頃中央に配したワラビみたいな模様は
「カリヨンパターン」という名前。
カリヨンとは教会の鐘楼につるす
組み鐘のことなのだそうです。

see page > **53**

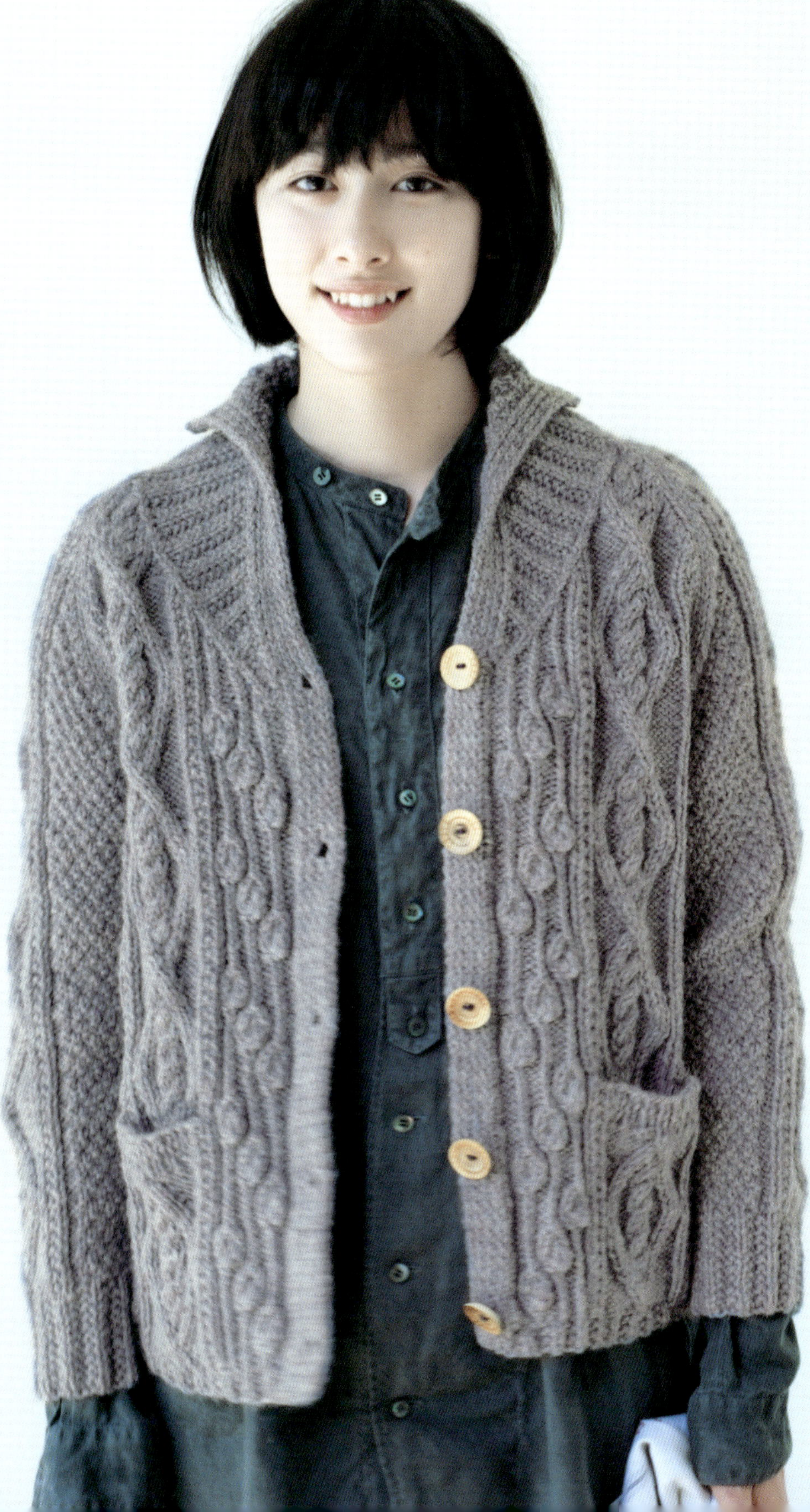

ダイヤモンド＋ガーターのミトン

アランのダイヤの中にはかのこやケーブルを入れることが多いけれど、
ガーターを入れるとダイヤの角がきっぱりと出るのが楽しい驚きでした。
おいしそうな黄色に素朴ななみなみ模様がよく似合うと思います。
てのひら側は物をつかみやすいように表目と裏目のボーダーにしました。

see page > **44**

三つまた手袋

「人さし指独立型」手袋です。
指が三つまたに分かれていると便利なことがいろいろありますね。
即席のどうぶつパペットになるし、「フレミングの法則」の説明もできます。

see page > **46**

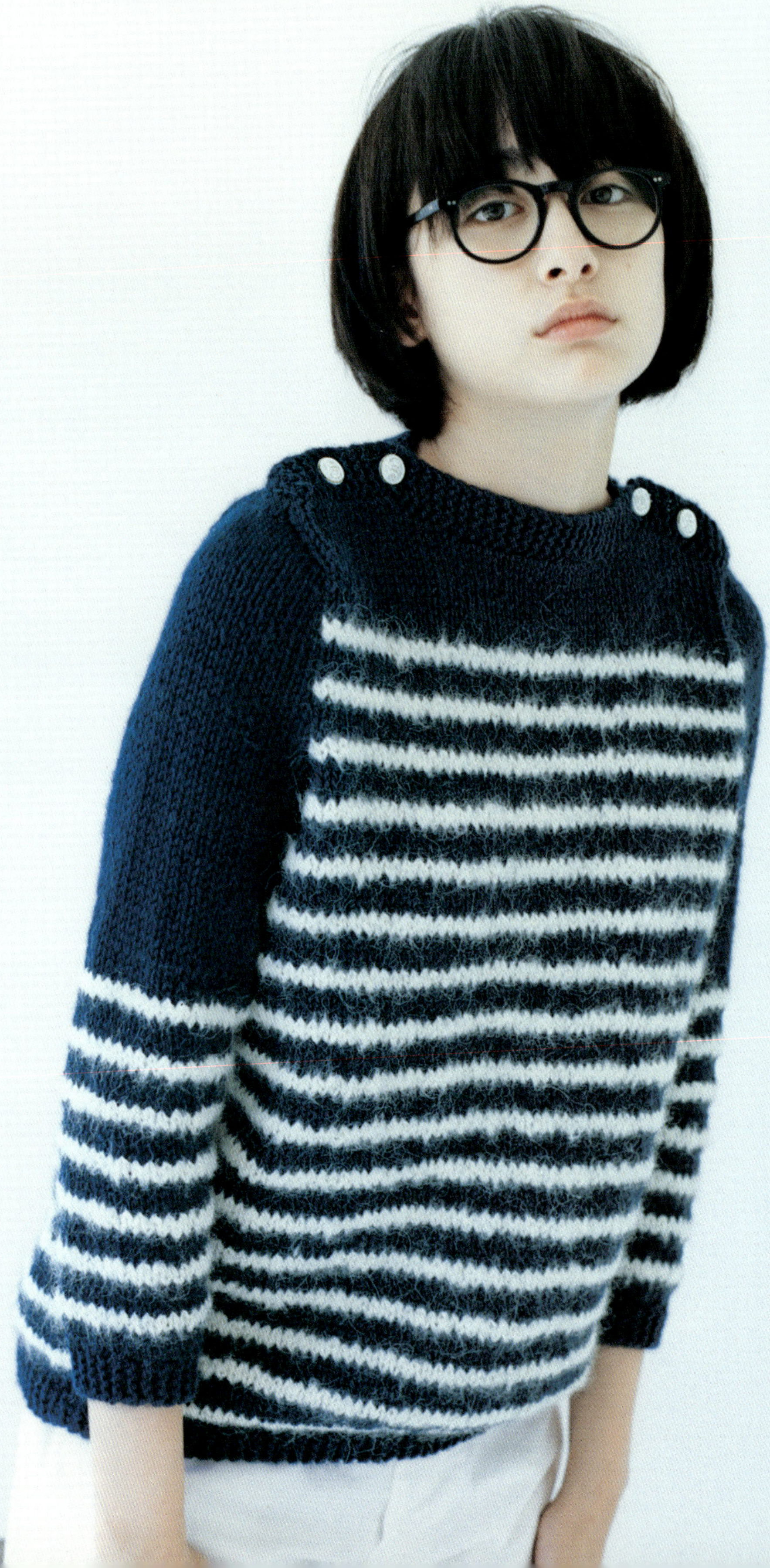

しましまセーター

身幅は少しゆったり、肩は細めで袖は短かめ。
白いボーダーには毛足の長いループヤーンを使いました。
首の前後を横切るボタンバンドは、袖から続けて編んでから身頃とはぎ合わせます。
定番的なものこそ、自分の好みや楽しさを盛り込みたいと思います。
作る過程にも、素材にも。

see page > **48**

星だらけの帽子

濃紺地一面に小さな星をまいたような。
ひとつひとつの「星柄」は古くからあるモチーフですが、
数種類組み合わせると、1種類だけを並べるより柄がそろわない分
ちかちか瞬いて見えるのです。

see page > 50

雪だらけの手袋

幼いころ、雪のあとの特別に寒い日、
庭の椿の枝を軽く揺すっては雪の結晶をほろほろと落とし、手袋に受け止めて眺めるのが好きでした。
ひとつひとつ違うその形と美しさに、これらの物を作った誰かの賢さを思わずにいられませんでした。
ささやかなこの手袋にちりばめた模様はたった4種類、でも充分きれい。

see page > **50**

大きなボタンのカーディガン

人形の服のバランスをまねて
大きいクッキーみたいな木のボタンをつけました。
硬めの極太糸で編んでいるので、
しっかり形を保つごつごつした風合いです。
気持ち大きめに作ったのですっきりと着られて、
コーディネートもしやすいと思います。
18ページは、糸を替えて編んだもの。
柔らかめの並太糸2本どりで編んだので、
しなやかで自然な落ち感があります。

see page > **58**

ポンポンキャスケット

イギリスゴム編みが大好きです。
男性用のセーターによく使われる編み地ですが
しっかり形を保ってほしいタイプの帽子にもぴったりです。
ブリムは糸を2本どりで編むので、芯もいらず簡単ですよ。

see page > **60**

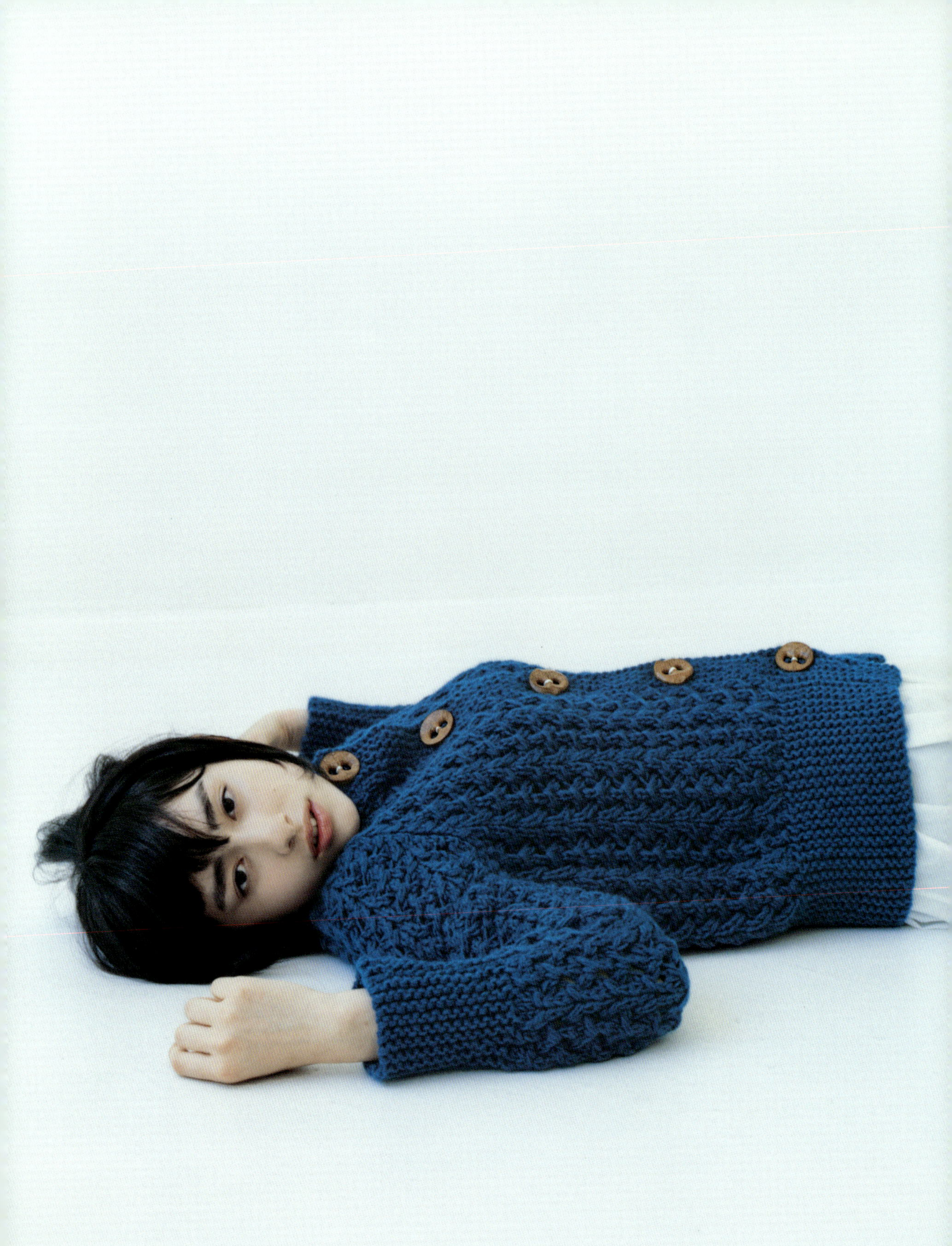

see page > 58

ねじねじマフラー

ケーブルを1本ねじねじと編んだだけのマフラー。
とても長いけれど、
カシミアのたくさん入っている糸を選ぶと
頼りないくらい軽くて、
巻いていることを忘れそうです。

see page > **74, 31**（穴あきモヘアキャップ）

ケーブルの1つずつは交差の部分がきゅっとくびれて、
丸くておいしそう。
デニッシュをつなげたみたいに見えますね。

エッフェルタワーのショール

一面に並んだ透し模様の名前は「エッフェルタワーアイレット」。
これがエッフェル塔かあ、とほほえんでしまうほど小さい模様です。
自分で編んだショールを巻くときは少し晴れがましい気持ちになります。
こんなに大きくて役に立つきれいなものを、作ったんだよ、と。

see page > **62, 33**（刺繍のポシェット）

23

クロッカス色のヨークセーター

にぎやかなノルディックやシェットランドのヨークセーターも好きだけれど、
もう少し柄をシンプルにして街で着るスキーセーターを作りたいと思いました。
肩を取り囲むヨーク部分に花びらのように柄を入れて。
春先の花壇のクロッカスの色です。

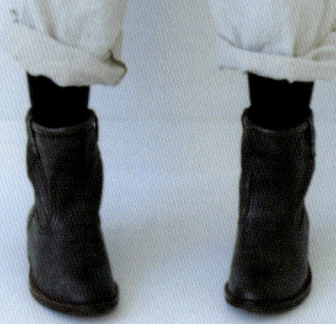

see page > **64**

25

ケーブルを並べたキャップ

5種類のケーブルをサンプラーのように並べたキャップ。
柄がくっきり見えてほしいので、よりのしっかりしたストレートヤーンで編みました。
すっぽりかぶって、余った先っぽの重みを感じるのが楽しいです。
キャップ好きの男性にも！

see page > **66**

白いベスト

白いループヤーンと太い針で編んだ、袖つけなしのベストです。
中に着込んだものをふんわりまとめるようにはおるとすてきですね。
脇に並んだかけ目がそのまま増し目になって、
肩までの形を作っています。
工程がシンプルなのであっという間に編み上がりますよ。

see page > **68**

レースフレームのカーディガン

身頃も袖もすとんと四角く簡単なつくりだけど、ボリュームに気をつけたのですっきり着られると思います。
衿ぐりのレース模様、編むのがとても楽しいんですよ。
斜めに上がっていく線を減し目で立てていくのが実に腑に落ちる感じと言うか……。
編みものならではの喜びがあって、編んでいていい気分になるのです。

see page > **70**

どうぶつミトン

キツネは上を向いて大きな鳥を見ている。その間をさっと横切っていくウサギ。
しーんとした山奥では穂をつけた草が揺れていて。
とりとめのないお話が展開していきそうな絵のミトンです。
編込みの糸が長く渡る箇所はところどころで糸どうしをからめて編むと
糸がつれにくく、手を入れるときに引っかかりません。

see page > 72

きれいな色のモヘアのしましまセーター

ボーダーが大きくV字を描くのは身頃の中央で減し目をするから。
両脇では増し目をしながら輪で編んでいきます。
色選びはバランスを見ながら、
でも「この色づかい大丈夫なの？」というくらいのほうが着るときには楽しいですよ！

see page > **75**

穴あきモヘアキャップ

極細のモヘアの糸を7本どりにしてざっくり編んだ、ぐるり36目のキャップです。
大きな穴あき模様の名前は「ドロップステッチパターン」。
編み目を「落として」下の4段分の渡り糸と一緒に束ね編みます。
ベリー色で編むとイチゴを逆さまにしたみたい。

see page > **78**

アンゴラのレーストップ

身頃も袖も四角く編むだけの
とても簡単なつくりのカーディガンです。
着丈は短めで、裾に1つだけボタンをつけました。
溶けそうに柔らかいアンゴラの入った糸を使ったら、
編んでいるときもふわふわいい気分。
手編みならではの贅沢ですね。

see page > **79**

刺繍のポシェット

喫茶店に行くとき持っていくのにちょうどいいバッグを作ろうと思いました。
たとえば文庫本1冊と小銭入れ、あるいは文庫本の代りに携帯電話、それくらい入れば充分な。
刺繍をするときは、だいたいのデザインを決めたら下絵を描かずに刺していきます。
花だけの刺繍のつもりだったのに、最後に残ったスペースにヒューンと飛んできた鳥は、予定外の珍客でした。

see page > **80**

INDEX

WEAR

page **08** / **53**

page **16, 18** / **58**

page **28** / **70**

page **04** / **36**

page **12** / **48**

page **24** / **64**

page **27** / **68**

page **30** / **75**

page **32** / **79**

MITTENS & GLOVES

page 06 / 42

page 10 / 44    page 11 / 46    page 15 / 50    page 29 / 72

CAP

page 14 / 50   page 17 / 60    page 20, 31 / 78    page 26 / 66

BAG

page 22, 33 / 80

SHAWL & MUFFLER

page 20 / 74   page 22 / 62

35

フェアアイルベストの編み方レッスン

4ページのフェアアイルベストを編みましょう。
前後身頃を輪に編んで肩をはいでから、袖ぐりと衿ぐりのスティーク（切り代）を切り開きます。
ここでは、ポイントとなるスティークの作り方、切開き方、始末のしかたを解説します。
よくからむシェットランドの糸でないと、切り口からほどけてしまう可能性があります。必ずシェットランドの糸を使ってください。

［糸］　　　ジェイミソンズ シェットランド スピンドリフト
　　　　　　グレー系（140）85g、黄茶（231）30g、クリーム色（350）25g、レモン色（400）20g、えんじ色（198）20g、
　　　　　　エメラルドグリーン（792）15g、水色（770）15g、モスグリーン（820）10g
［用具］　　2号輪針（80cm、40cm）、4号輪針（80cm、40cm）
［ゲージ］　メリヤス編みの編込み模様　29目33段が10cm四方
［サイズ］　胸回り92、着丈（肩から）58cm、背肩幅33cm
［編み方］　糸は1本どりで、指定の配色で編みます。
2号輪針（80cm）で指に糸をかける方法で240目作り目して輪にし、2目ゴム編みの縞模様Aを34段編みます。
4号輪針（80cm）に替え、メリヤス編みの編込み模様で94段編みます。以降は、p.37-40の写真を参照して編みます。

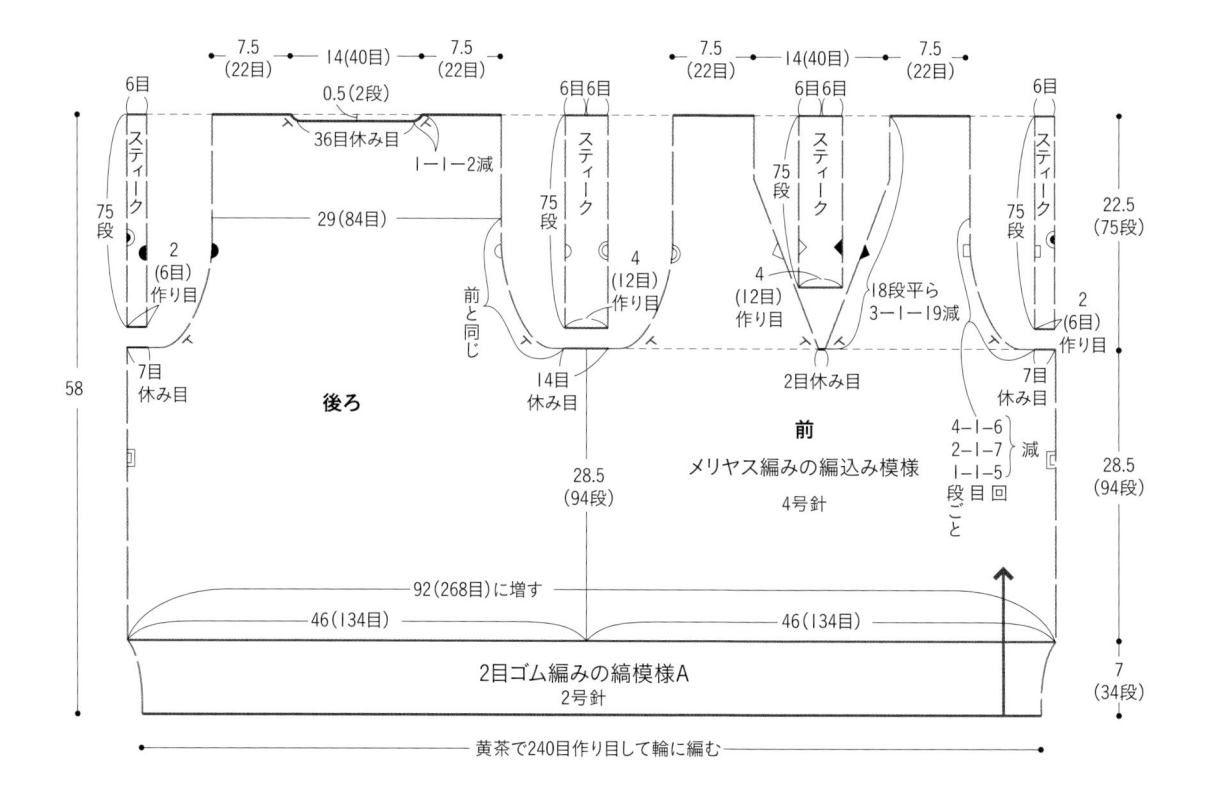

縞模様の配色

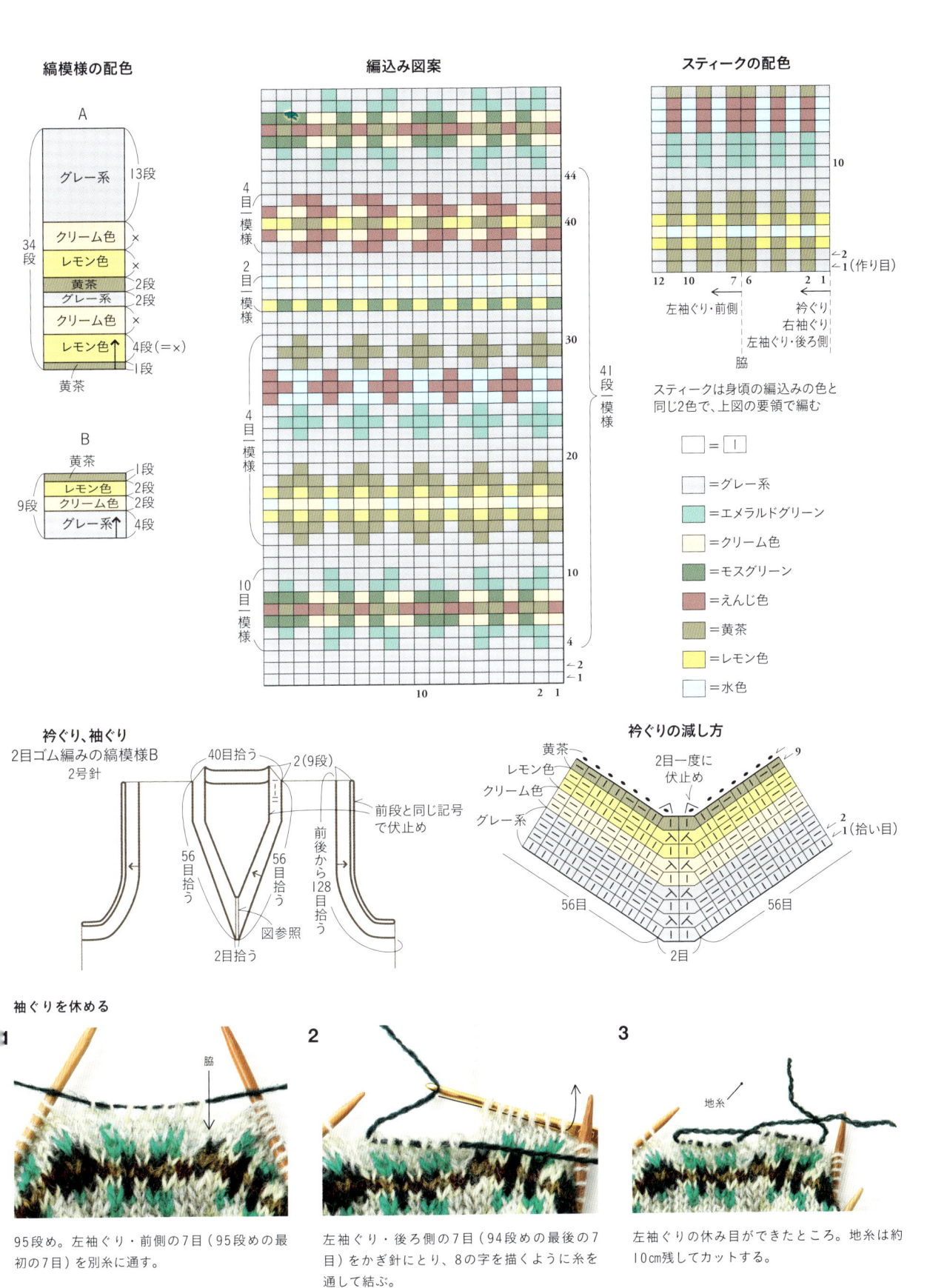

A
- グレー系 13段
- クリーム色 ×
- レモン色 ×
- 黄茶 2段
- グレー系 2段
- クリーム色 ×
- レモン色↑ 4段(=×)
- 1段
- 黄茶

34段

B
- 黄茶 1段
- レモン色 2段
- クリーム色 2段
- グレー系↑ 4段

9段

編込み図案

4目一模様 44
2目一模様
4目一模様 40
10目一模様 30
4目一模様 20
10目一模様 10
4

41段一模様

←2
←1

スティークの配色

←2
←1(作り目)

12 10 7 6 2 1
←左袖ぐり・前側
衿ぐり
左袖ぐり・後ろ側
右袖ぐり
脇

スティークは身頃の編込みの色と同じ2色で、上図の要領で編む

- ☐ = |
- ☐ = グレー系
- ☐ = エメラルドグリーン
- ☐ = クリーム色
- ☐ = モスグリーン
- ☐ = えんじ色
- ☐ = 黄茶
- ☐ = レモン色
- ☐ = 水色

衿ぐり、袖ぐり

2目ゴム編みの縞模様B
2号針

40目拾う 2(9段)
56目拾う 56目拾う
前段と同じ記号で伏止め
前後から128目拾う
2目拾う 図参照

衿ぐりの減し方

黄茶
レモン色
クリーム色
グレー系

2目一度に伏止め
9

←2
←1(拾い目)

56目 2目 56目

袖ぐりを休める

1 95段め。左袖ぐり・前側の7目(95段めの最初の7目)を別糸に通す。

脇

2 左袖ぐり・後ろ側の7目(94段めの最後の7目)をかぎ針にとり、8の字を描くように糸を通して結ぶ。

3 左袖ぐりの休み目ができたところ。地糸は約10cm残してカットする。

地糸

巻き目の作り目

4
左袖ぐり・前側のスティークの作り目をする。p.37「スティークの配色」の脇が、スタート位置。新しい糸で糸端に結び目を作り、針に通す。黄茶が1目め、グレー系が2目めになる。

5
手前から向う側に向かって針を2回巻く。

6
1つめのループをつまんで針にかぶせる。

7
かぶせたところ。糸を引き締める。

8
同じ要領で、6目作り目する。続けて、休み目の次の目に針を入れる。

9
袖ぐりの減し目の右上2目一度を編む。そのまま続けて前を編むが、途中、前中央の衿ぐりでも同様に減し目と2目の休み目と12目の作り目をし、編み進める。

10
右袖ぐりの休み目の手前で、袖ぐりの減し目の左上2目一度を編む。

11
右袖ぐりの14目を休み目にする。7目ずつに分け、8の字を描くように別糸を通す。

12
編み進めてきた糸で巻き目の作り目をする。指定の配色で12目作る。続けて、休み目の次の目に針を入れる。

13
袖ぐりの減し目の右上2目一度を編む。そのまま続けて増減なく後ろを編む。

14
左袖ぐり・後ろ側でも同様に、休み目の手前で減し目をし、巻き目の作り目で6目作る。

15
左袖ぐり・前側の作り目を拾って指定の配色で編み、続けて身頃を編む。以降、身頃とスティークを続けて、袖ぐりと衿ぐりで減し目をしながら輪に編む。

身頃の編終り

肩まで75段編んだら、前後の肩とスティーク6目ずつを合わせて引抜きはぎをする。衿ぐりのスティークは肩のはぎから続けて6目ずつ伏止めする。

17
身頃の完成。

18
横から見たところ。

裏から見たところ。糸を替えたところはフリンジ状になっている。

スティークを切り開く

20
左袖ぐりのスティーク12目の中央（脇）に、はさみを入れる。

21
まっすぐ切り開く。反対側の身頃を一緒に切らないように注意する。

肩まで切り開いたところ。

23
引抜きはぎしたところまで切ってしまわないように、1段程度手前でやめておく。

袖ぐりから目を拾う

24
左袖ぐりの休み目の糸を中央から半分ほどき、左側7目を2号輪針（40cm）で拾う。

針にとった目をグレー系で編む。

26
同様に7目編む。

27
続けて、身頃とスティークの間の渡り糸を拾って、表目を編む。

28
前袖ぐりから64目拾う。

29
後ろ袖ぐりから64目拾い、計128目拾ったところ。

スティークの余分を切り落とす

30
袖ぐりに2目ゴム編みの縞模様Bを9段編んで伏止めし、裏返す。

31
スティーク6目のうち、端2目を切り落とす。

32
4目残っている。身頃を一緒に切らないように注意する。

33
スティークの余分を切り落としたところ。

スティークをまつる ここではわかりやすいように色を変えています

34
スティーク4目のうち2目を内側に折る。身頃に近い色の糸を使い、袖ぐりから2目めの外側の半目と近くの身頃の渡り糸をすくってまつる。

35
1目まつったところ。

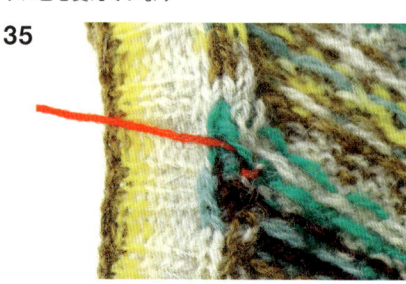

36
同じ要領で表にひびかないように毎段まつる。右袖ぐりも同様にスティークを切って袖ぐりを編み、始末する。

37
衿ぐりのスティークも袖ぐりと同様に切り開く。衿ぐりは袖ぐりと同様に編んで始末するが、前中央で減し目をする。

完成。

仕上げ

常温の水とおしゃれ着用洗剤で押し洗いしてよくすすぎ、ネットに入れて脱水します。好みのサイズに整え、日陰で平らに干します。このとき引っ張ることで、幅を広げたり、丈を伸ばすことができます（小さくする＝縮ませることは、風合いが悪くなるのでおすすめしません）。
洗うと編み地が柔らかく着心地がよくなるとともに、編み目が整って柄がはっきりします。

この本で使用している糸

この本の掲載作品は、以下の糸を使用しています。
糸の特性によって、サイズや編み地の出方などにも違いが出ますので、素材や仕立て等の情報を糸選びの参考にしてください。

☐ アンゴラエイティー／Ⓡ
太さ … 並太
品質 … アンゴラ80％
　　　　ナイロン20％
仕立て … 20g玉巻き（約65m）

☐ ヴィシュ／Ⓞ
太さ … 合太
品質 … ウール100％
仕立て … 100gかせ巻き（約300m）

☐ カシミヤメリノ／Ⓡ
太さ … 並太
品質 … ウール70％
　　　　（メリノウール使用）
　　　　カシミヤ30％
仕立て … 40g玉巻き（約100m）

☐ キッドモヘアファイン／Ⓟ
太さ … 極細
品質 … モヘヤ79％
　　　　（スーパーキッドモヘヤ使用）
　　　　ナイロン21％
仕立て … 25g玉巻き（約225m）

☐ グランエトフ／Ⓗ
太さ … 超極太
品質 … アルパカ73％
　　　　ウール24％
　　　　ナイロン3％
仕立て … 40g玉巻き（約48m）

☐ シープスウール スリープライ
　（Sheepswool 3ply）／Ⓢ
太さ … 超極太
品質 … ウール100％
仕立て … 4oz（＝約113g）かせ巻き
　（210yd＝約192m）

☐ シェットランド スピンドリフト
　（Shetland Spindrift）／Ⓙ
太さ … 中細（2ply jumper weight）
品質 … ウール100％
仕立て … 25g巻き
　（115yd＝約105m）

☐ シェットランド／Ⓟ
太さ … 並太
品質 … ウール100％
　　　　（英国羊毛100％使用）
仕立て … 40g玉巻き（約90m）

☐ ソノモノ《超極太》／Ⓗ
太さ … 超極太
品質 … ウール100％
仕立て … 40g玉巻き（約40m）

☐ パーセント／Ⓡ
太さ … 合太
品質 … ウール100％
仕立て … 40g玉巻き（約120m）

☐ ブリティッシュエロイカ／Ⓟ
太さ … 極太
品質 … ウール100％
　　　　（英国羊毛50％以上使用）
仕立て … 50g玉巻き（約83m）

☐ ミニスポーツ／Ⓟ
太さ … 極太
品質 … ウール100％
仕立て … 50g玉巻き（約72m）

☐ メンズクラブマスター／Ⓗ
太さ … 極太
品質 … ウール60％
　　　　（防縮加工ウール使用）
　　　　アクリル40％
仕立て … 50g玉巻き（約75m）

Ⓗ ハマナカ　Ⓙ ジェイミソンズ スピニング（Jamieson's Spinning）　Ⓞ オステルヨートランド
Ⓟ パピー　Ⓡ リッチモア　Ⓢ スクールハウスプレス（schoolhouse press）
毛糸に関するお問合せ先は、88ページをごらんください。商品情報は、2011年8月現在のものです。

page06 カラフルミトン

p.06左からA、B、p.07をCとします。
[糸]　　リッチモア パーセント　A 赤（73）30g、紺（47）20g、ベージュ（98）15g、黄色（101）5g
　　　　B オフホワイト（2）30g、青紫（51）10g、ブルーグレー（55）10g、黄色（101）、グリーン（107）、れんが色（118）各5g
　　　　C ベージュ（98）25g、紺（47）、灰茶（100）各15g、黄色（101）、ターコイズブルー（108）、ミントグリーン（109）各5g
[用具]　4号、5号4本棒針
[ゲージ]　メリヤス編みの編込み模様　28目33段が10cm四方
[サイズ]　てのひら回り20cm、長さ24.5cm
[編み方]　糸は1本どりで、指定の配色で編みます。
左手を編みます。指に糸をかける方法で50目作り目して輪にし、4号針で変リゴム編みを編みます。5号針に替えて56目に増し、メリヤス編みの編込み模様を編みますが、親指穴の下側は別糸を通して目を休め、上側の目を作ります（p.87参照）。指先を図のように減らし、残った12目は6目ずつに分けてメリヤスはぎにします。別糸を抜いて目を拾い、親指をメリヤス編みで編みます。右手は対称の位置に親指穴をあけて編みます。

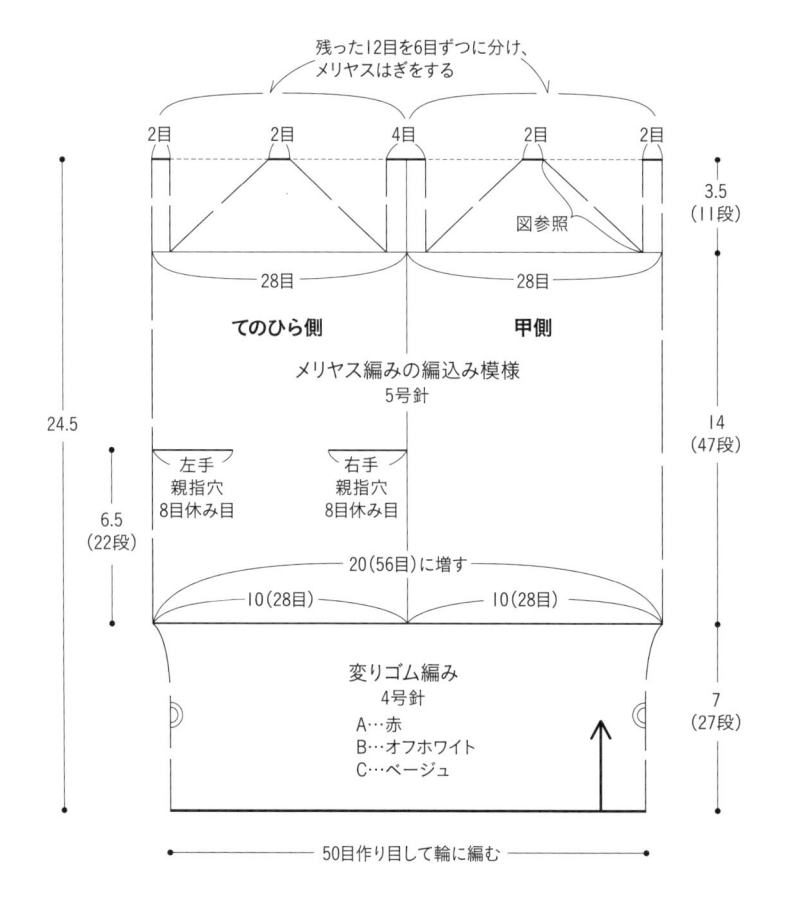

配色表

	A	B	C
□	赤	オフホワイト	ベージュ
×	紺	れんが色	ミントグリーン
▲	ベージュ	青紫	紺
／	紺	ブルーグレー	灰茶
＋	赤	オフホワイト	灰茶
●	ベージュ	グリーン	紺
■(gray)	ベージュ	グリーン	ターコイズブルー
Ｖ	赤	オフホワイト	黄色
■	黄色	れんが色	ミントグリーン
○	赤	黄色	ベージュ
△	紺	れんが色	黄色
■(gray)	紺	れんが色	ターコイズブルー

てのひら側　　　　　　　　　　甲側

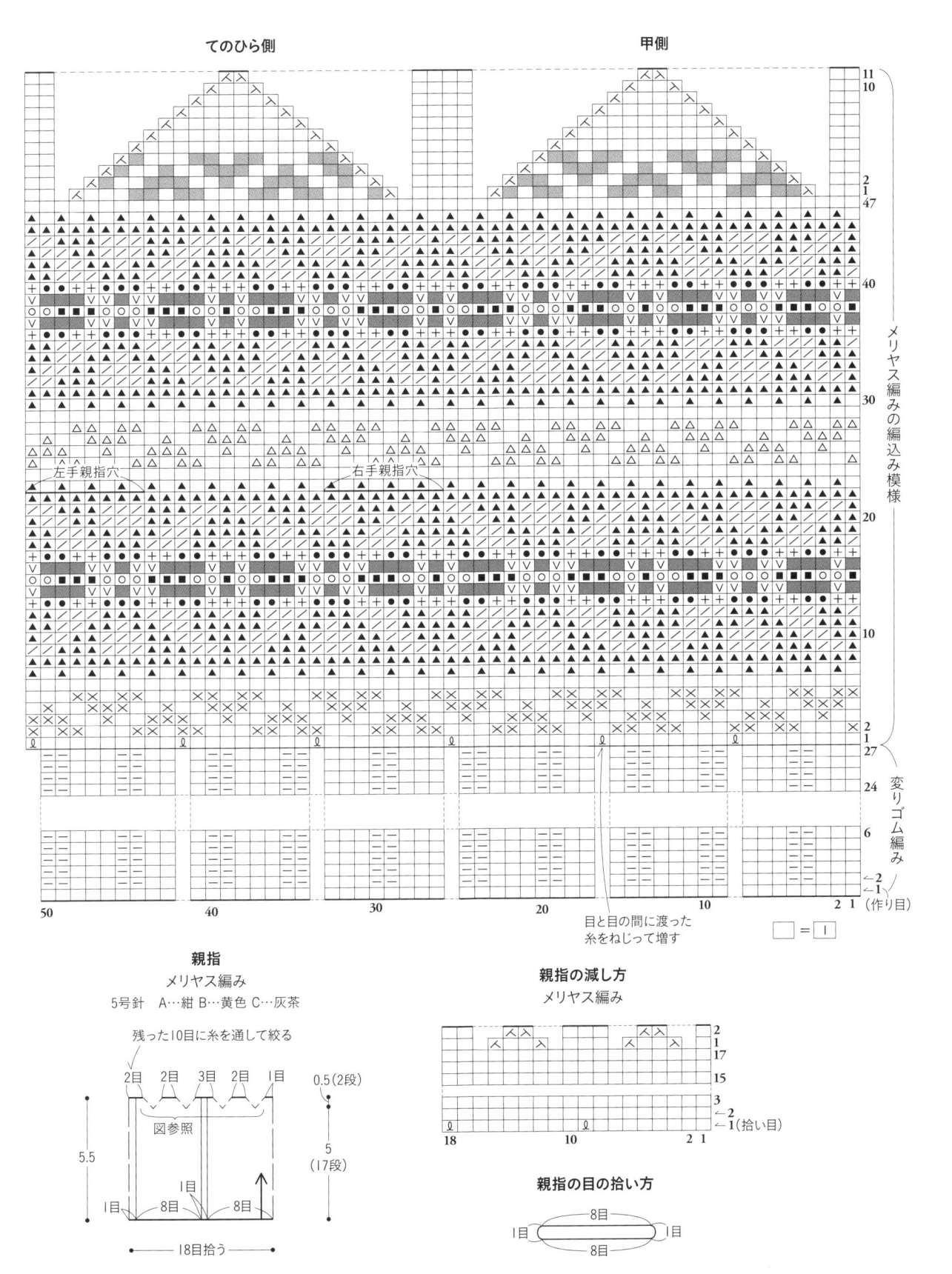

メリヤス編みの編込み模様

左手親指穴　　　　　右手親指穴

変りゴム編み

目と目の間に渡った
糸をねじって増す

□ = |

親指
メリヤス編み
5号針　A…紺 B…黄色 C…灰茶

残った10目に糸を通して絞る

2目　2目　3目　2目　1目　　0.5(2段)

図参照

5
(17段)

5.5

1目　8目　8目

18目拾う

親指の減し方
メリヤス編み

親指の目の拾い方

1目　8目　1目
8目

43

page10 ダイヤモンド＋ガーターのミトン

[糸]　　　パピー ミニスポーツ　黄色（688）120g
[用具]　　5号、6号4本棒針
[ゲージ]　模様編みB　17目が7cm、29.5段が10cm　模様編みC　11目が5cm、29.5段が10cm
[サイズ]　てのひら回り20cm、長さ約26cm
[編み方]　糸は1本どりで編みます。

左手を編みます。指に糸をかける方法で44目作り目して輪にし、5号針で2目ゴム編みを編みます。6号針に替えて46目に増し、模様編みA、B、Cを図のように編みます。親指穴の下側は別糸を通して目を休め、上側に目を作ります（p.87参照）。指先を図のように減らし、残った24目は12目ずつに分けてメリヤスはぎにします。別糸を抜いて目を拾い、親指を1目ゴム編みで編みます。右手は対称の位置に親指穴をあけて編みます。

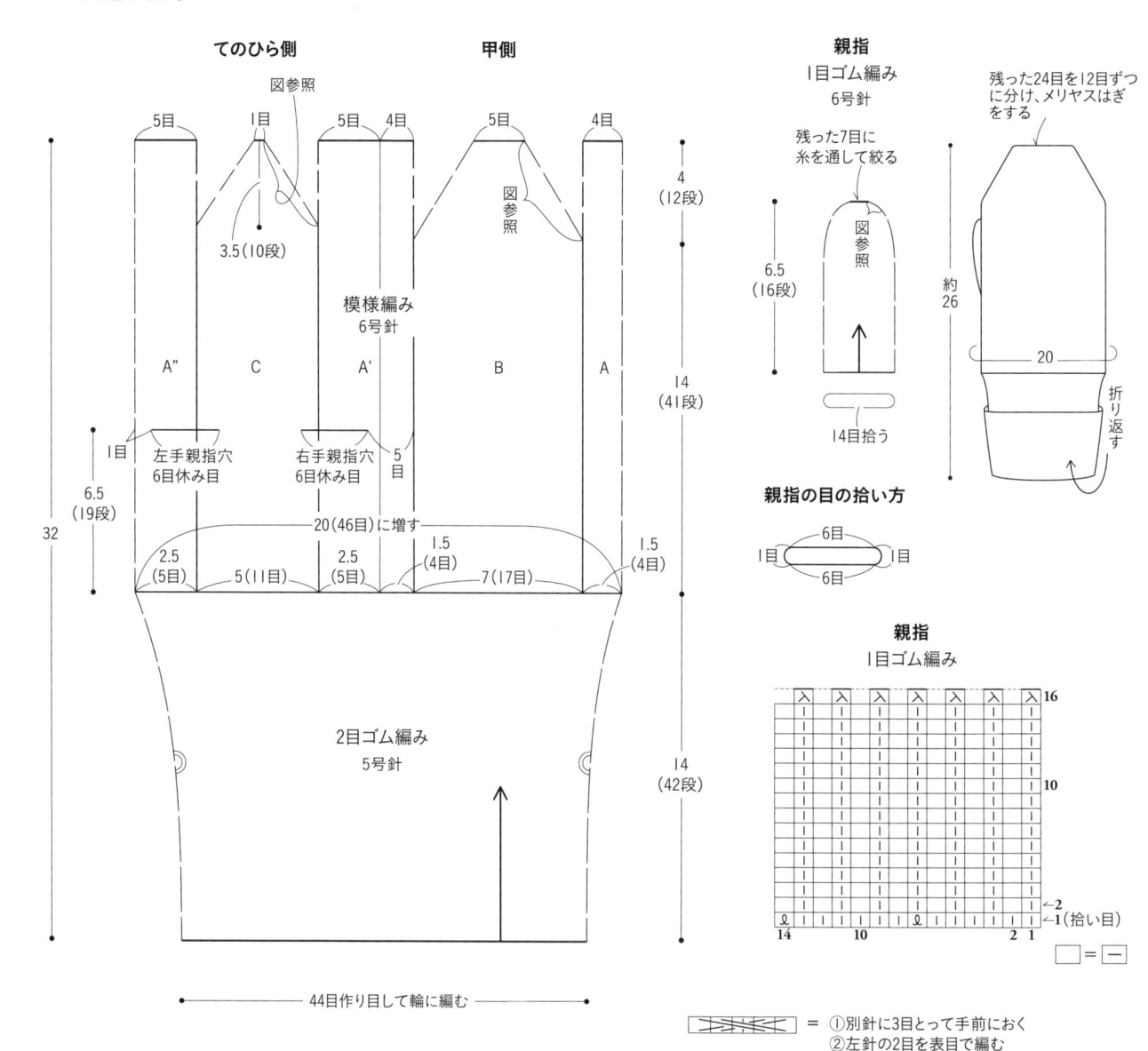

てのひら側　　　　　　　　　　　　　　甲側

A"　　　　　　C　　　　　　A'　　　　　　B　　　　　　A

模様編み

左手親指穴　　　　　　右手親指穴

2目ゴム編み

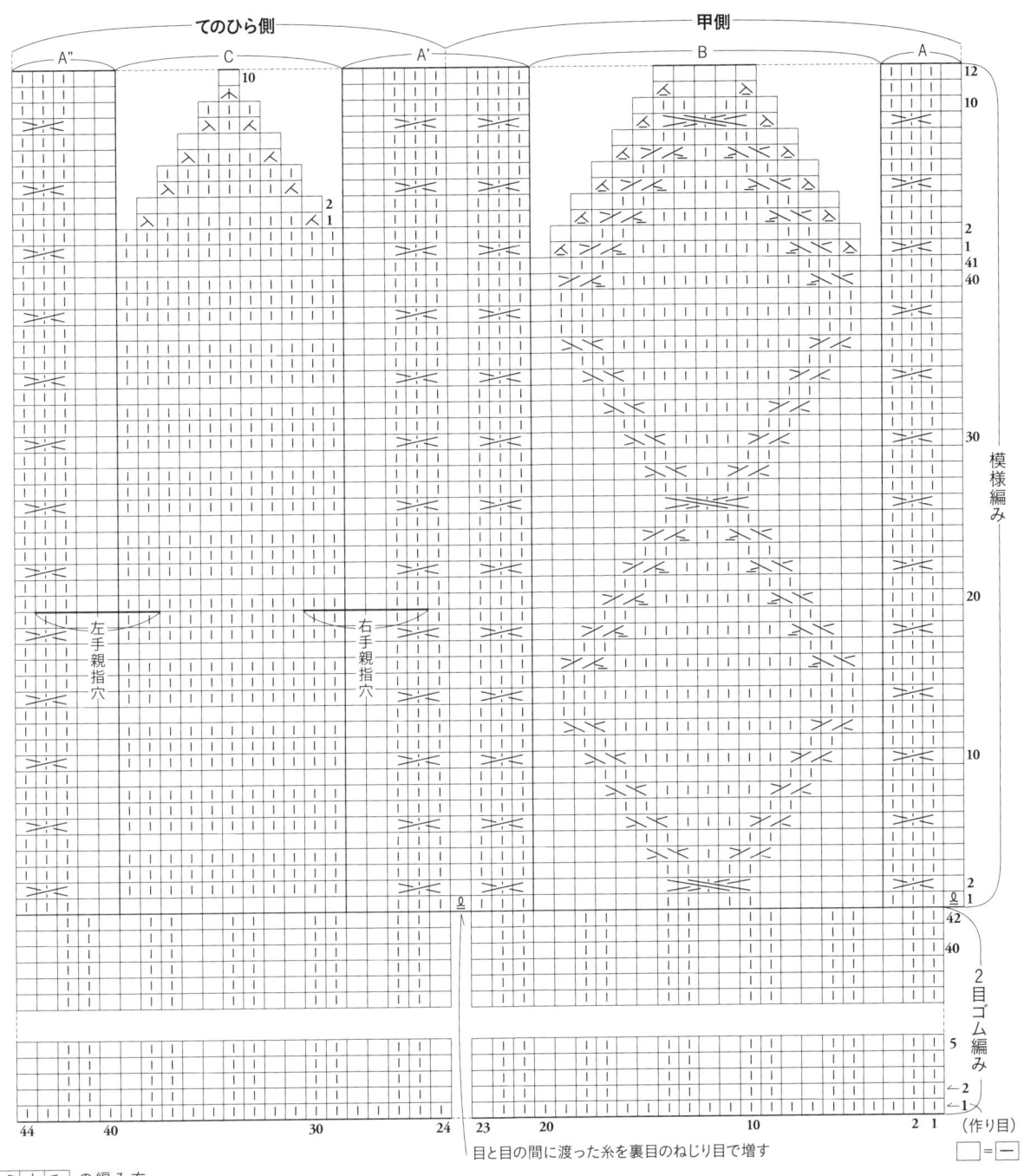

44　　40　　　　　30　　　24　23　20　　　　10　　　2 1　（作り目）

目と目の間に渡った糸を裏目のねじり目で増す　　　□ ＝ －

の編み方

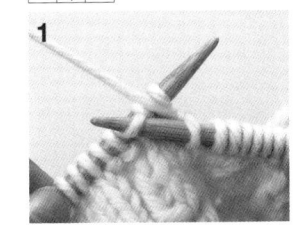

1　糸を左針と右針の間におき、左針の右から3目めに右針を入れる。

2　表目を編む。

3　同様に、左針の右から2目めを表目で編む。

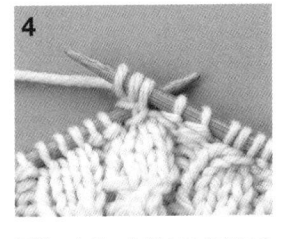

4　同様に左針の右端の目を表目で編む。3目め、2目め、右端の順に目が重なり、交差している。

page11 三つまた手袋

[糸]　　パピー シェットランド　紺（20）65g、黄色（39）、赤（29）、オフホワイト（8）各10g
[用具]　3号、4号4本棒針
[ゲージ]　メリヤス編み　26.5目35段が10cm四方
[サイズ]　てのひら回り18cm、長さ27.5cm
[編み方]　糸は1本どりで、指定以外は紺で編みます。

指に糸をかける方法で48目作り目して輪にし、3号針で模様編みの縞模様を編みます。4号針に替えて、甲とてのひらをメリヤス編みで編みながら指定の位置で増し目をして親指のまちを22段編みます。親指のまちを休み目し、甲とてのひらを続けて輪に編み、目を休めます。三本指、人さし指の順にそれぞれ目を拾い、メリヤス編みで図のように減らしながら編み、残った目に糸を通して絞ります。休めておいた親指のまちから目を拾い、親指を同様に編みます。同じものを2枚編みます。

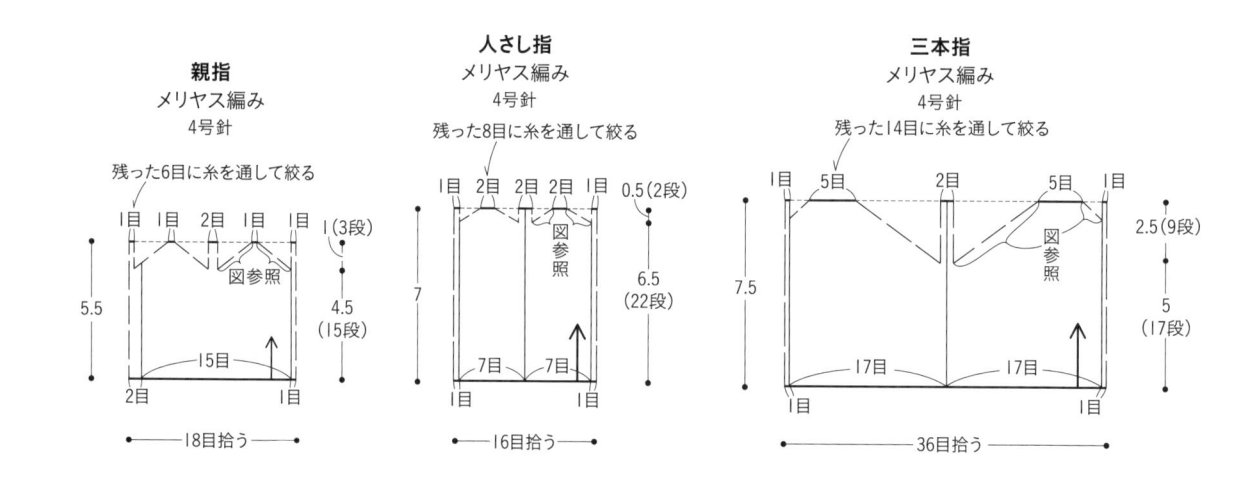

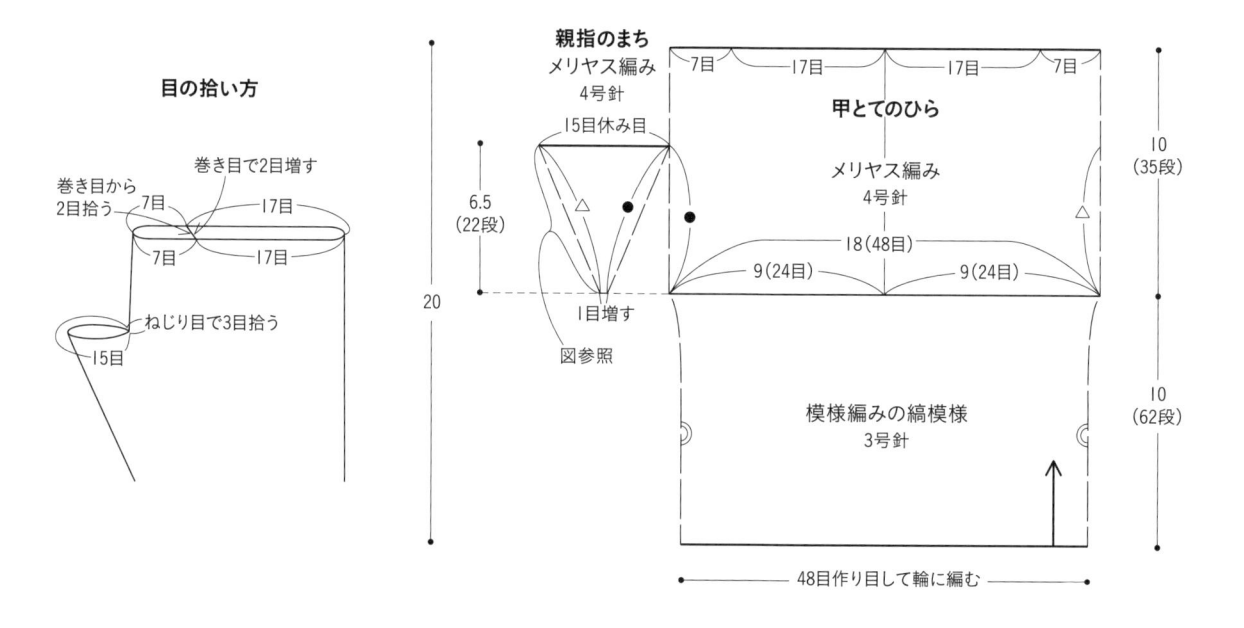

人さし指

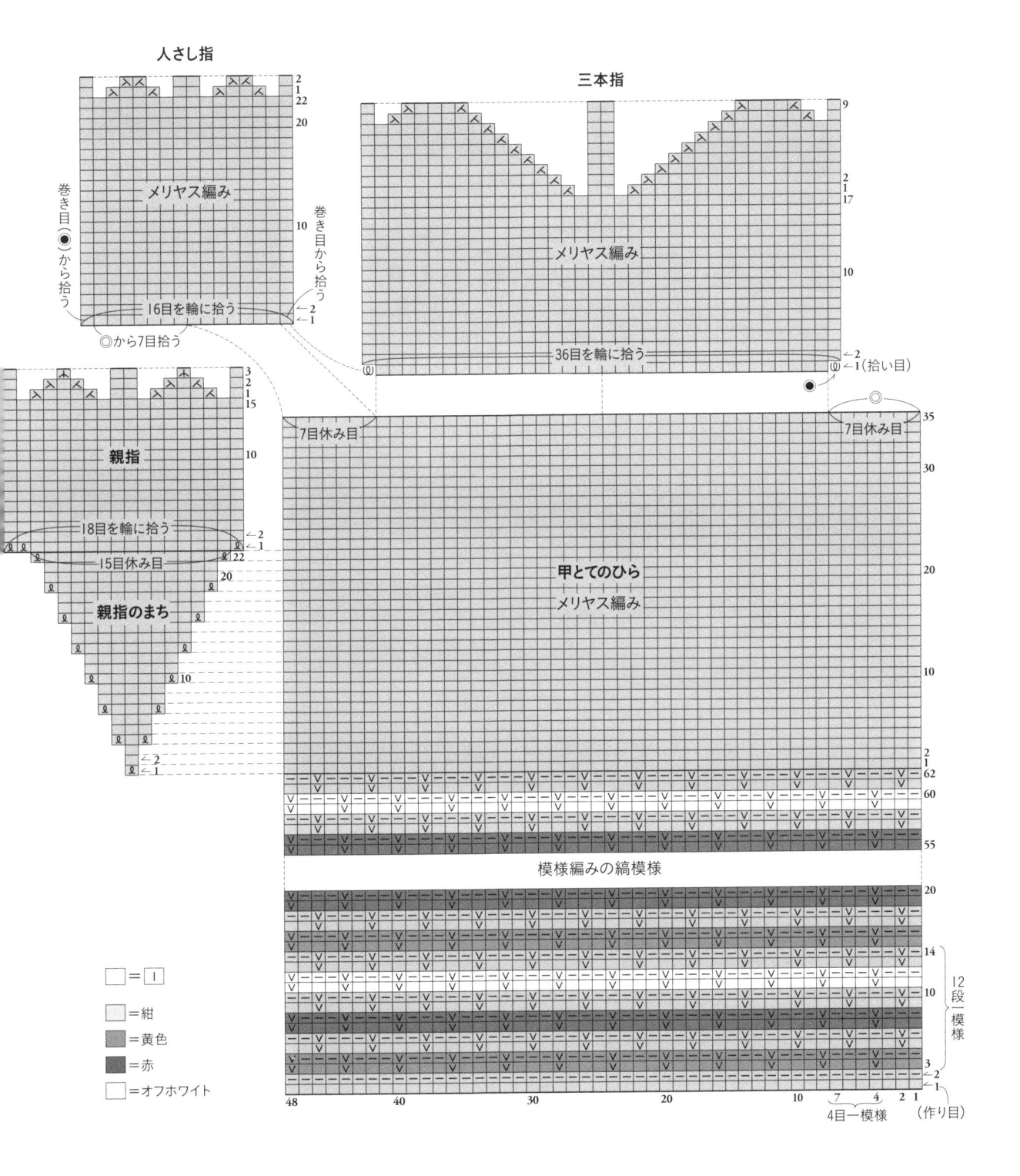

メリヤス編み

16目を輪に拾う
◎から7目拾う
巻き目(●)から拾う
巻き目から拾う

三本指

メリヤス編み

36目を輪に拾う
←1(拾い目)

親指

メリヤス編み

親指のまち

18目を輪に拾う
15目休み目

7目休み目 7目休み目

甲とてのひら

メリヤス編み

模様編みの縞模様

12段一模様
4目一模様
(作り目)

□ = | |
░ = 紺
▓ = 黄色
■ = 赤
□ = オフホワイト

page12 しましまセーター

- [糸] ハマナカ メンズクラブマスター 紺(23) 340g、ハマナカ グランエトフ 生成り(101) 105g
- [用具] 12号2本棒針
- [その他] 直径1.5cmのボタン 4個
- [ゲージ] メリヤス編みの縞模様 15.5目20段が10cm四方
- [サイズ] 胸回り100cm、着丈(肩から)62.5cm、袖丈51cm
- [編み方] 糸は1本どりで、指定以外は紺で編みます。

裾は指に糸をかける方法で5目作り目し、ガーター編みを増減なく編み、編終りは伏止めをします。前後身頃は裾から目を拾い、メリヤス編みの縞模様とメリヤス編みで図のように編み、編終りは伏止めをします。袖口は、裾と同様にガーター編みを編んで編終りは伏止めをします。袖は袖口から目を拾い、メリヤス編みの縞模様とメリヤス編みで図のように編みます。続けて、ボタンバンドをガーター編みで編みますが、左はボタン穴をあけて編みます。ボタンバンドと前後身頃を図のようにつけ、袖ぐりを引抜きとじにし、脇と袖下を続けてすくいとじにします。ボタンをつけます。

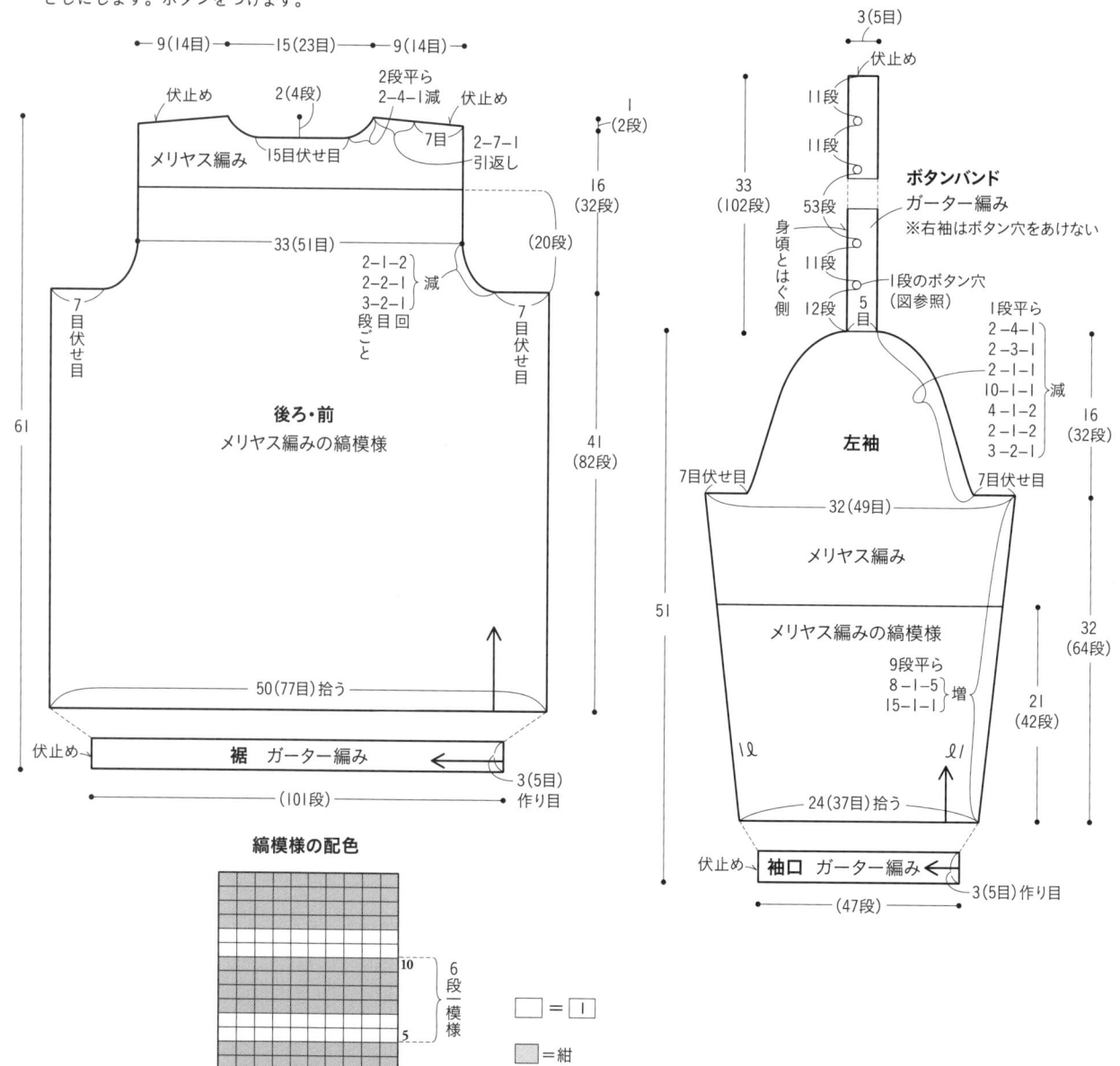

袖ぐりと衿ぐりの減し方

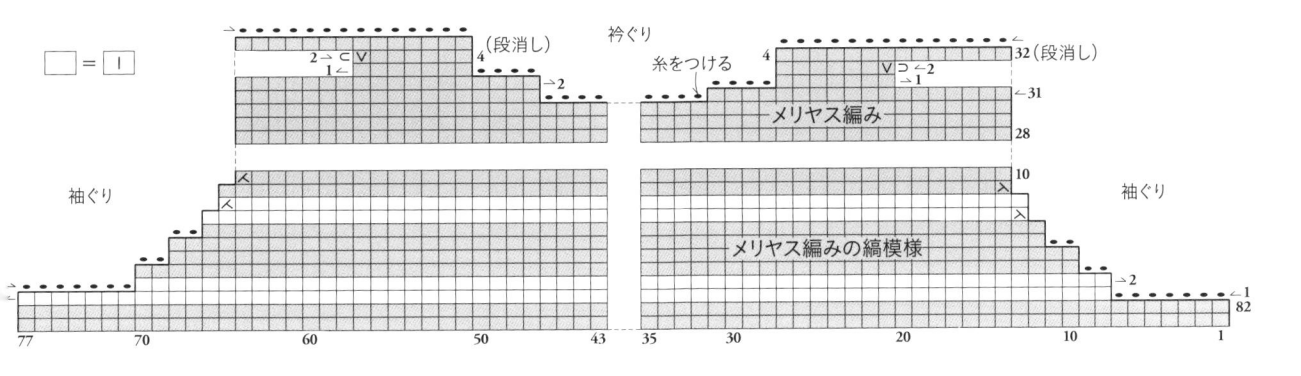

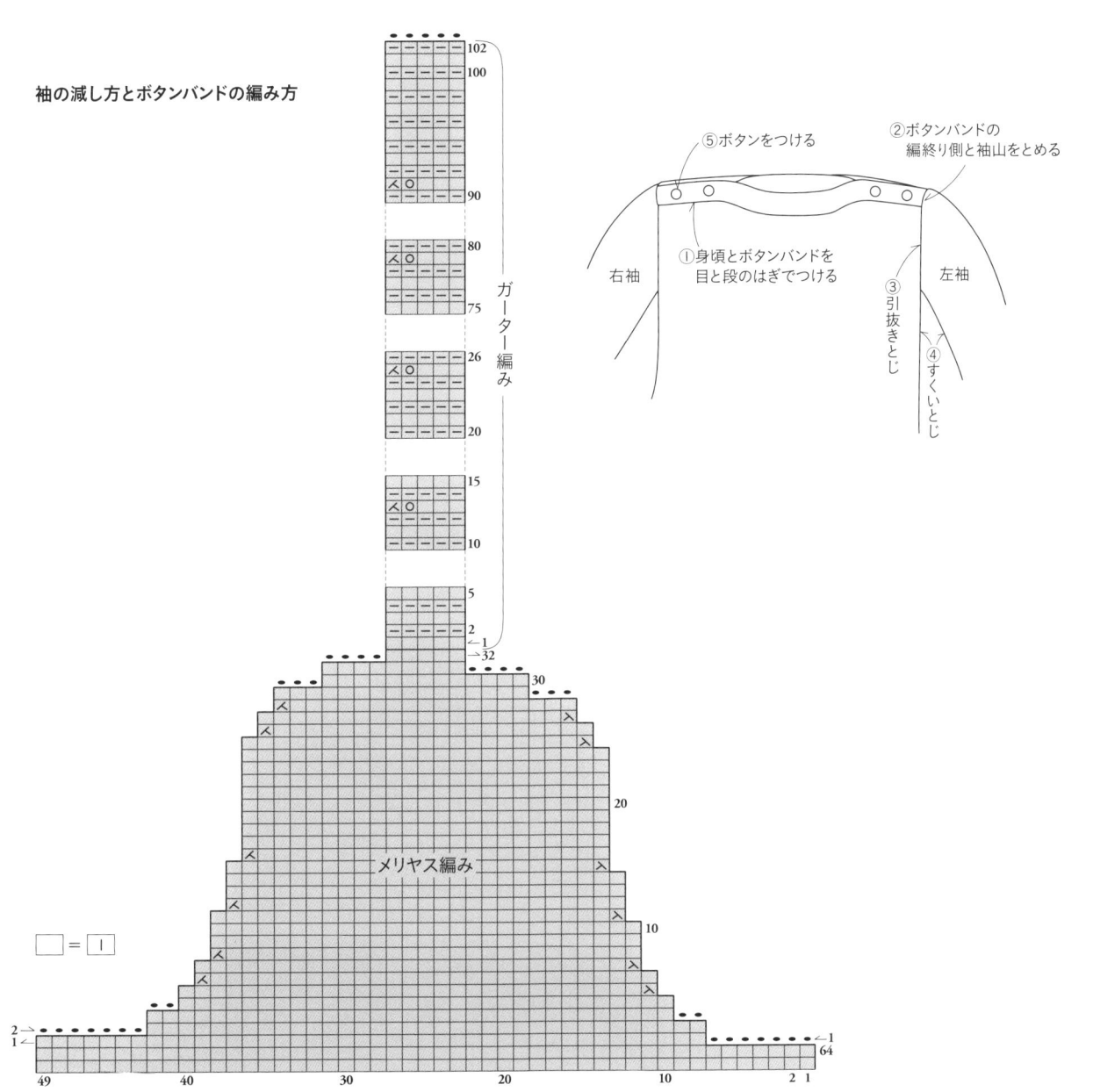

□ = |

袖ぐり　　　　　　　　　　　　　　　　　　　　　　　衿ぐり　　　　　　　　　　　　　　　　　　　　袖ぐり
糸をつける

メリヤス編み

メリヤス編みの縞模様

袖の減し方とボタンバンドの編み方

ガーター編み

メリヤス編み

□ = |

①身頃とボタンバンドを目と段のはぎでつける
②ボタンバンドの編終り側と袖山をとめる
③引抜きとじ
④すくいとじ
⑤ボタンをつける

右袖　　左袖

page14,15 星だらけの帽子　雪だらけの手袋

［糸］　　　ジェイミソンズ シェットランド スピンドリフト
　　　　　〈手袋〉紺（730）25g、グレー（122）15g
　　　　　〈帽子〉紺（730）40g、グレー（122）25g
［用具］　2号、4号4本棒針
［ゲージ］メリヤス編みの編込み模様　30目36段が10cm四方
［サイズ］〈手袋〉てのひら回り21cm、長さ22cm
　　　　　〈帽子〉頭回り56cm、深さ22cm
［編み方］糸は1本どりで、指定の配色で編みます。

〈手袋〉左手を編みます。指に糸をかける方法で60目作り目して輪にし、2号針で変りゴム編みの縞模様を編みます。4号針に替えて64目に増し、メリヤス編みの編込み模様を編みますが、親指穴の下側は別糸を通して目を休め、上側の目を作ります（p.87参照）。60目に減らし、2号針に替えて変りゴム編みの縞模様を編み、前段と同じ記号で伏止めをします。別糸を抜いて目を拾い、変りゴム編みの縞模様で親指を編みます。右手は対称の位置に親指穴をあけて編みます。

〈帽子〉指に糸をかける方法で160目作り目して輪にし、2号針で変りゴム編みの縞模様を編みます。4号針に替えて168目に増し、メリヤス編みの編込み模様を編みます。トップをメリヤス編みで図のように減らします。残った35目に糸を1目おきに2周通して絞ります。ポンポンを作ってトップにつけます。

手袋

前段と同じ記号で伏止め
変りゴム編みの縞模様　2号針　1.5（6段）
60目に減らす
てのひら側　甲側
メリヤス編みの編込み模様　4号針　13.5（50段）
1目
左手親指穴9目休み目　右手親指穴9目休み目
7（25段）
10.5（32目）　10.5（32目）
21（64目）に増す
変りゴム編みの縞模様　2号針　7（34段）
22
60目作り目して輪に編む

親指
変りゴム編みの縞模様
4号針

前段と同じ記号で伏止め
4.5（16段）
20目拾う

親指の目の拾い方
1目　9目　9目　1目

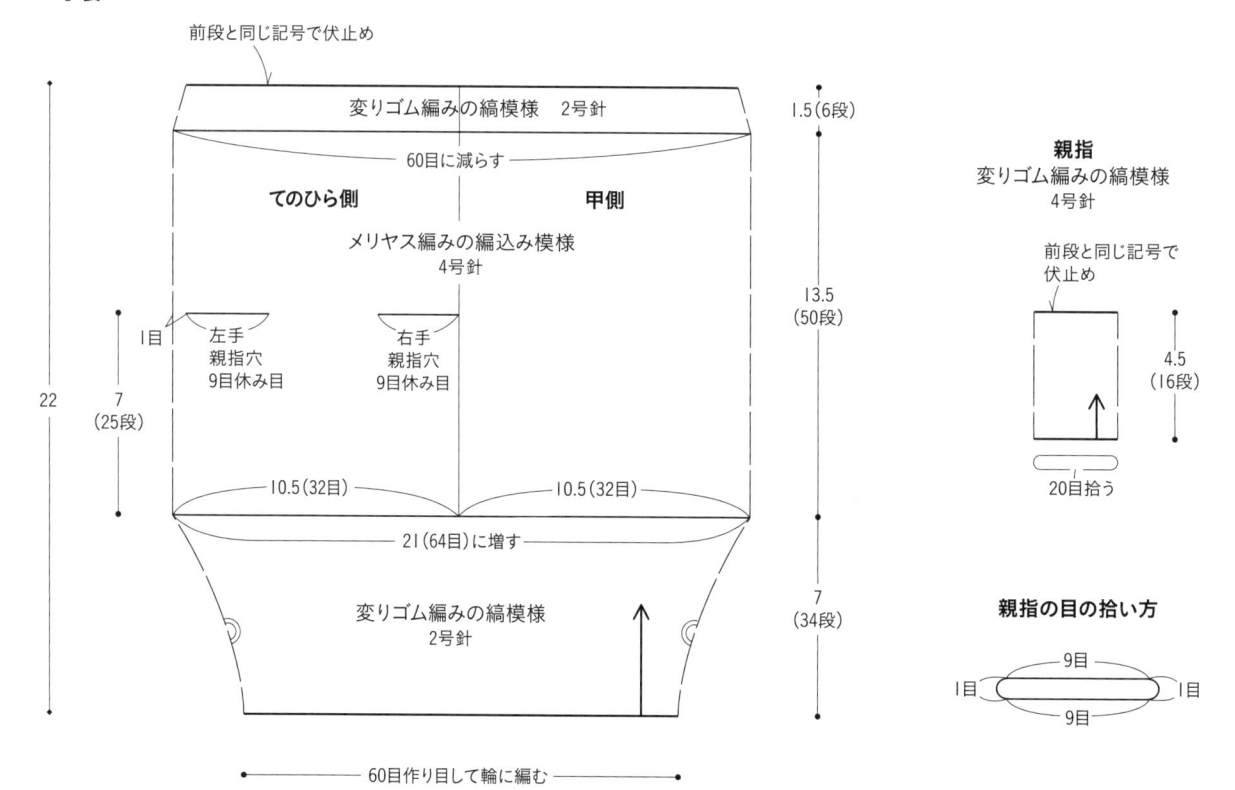

てのひら側　　　　　　　　　　　　　　甲側

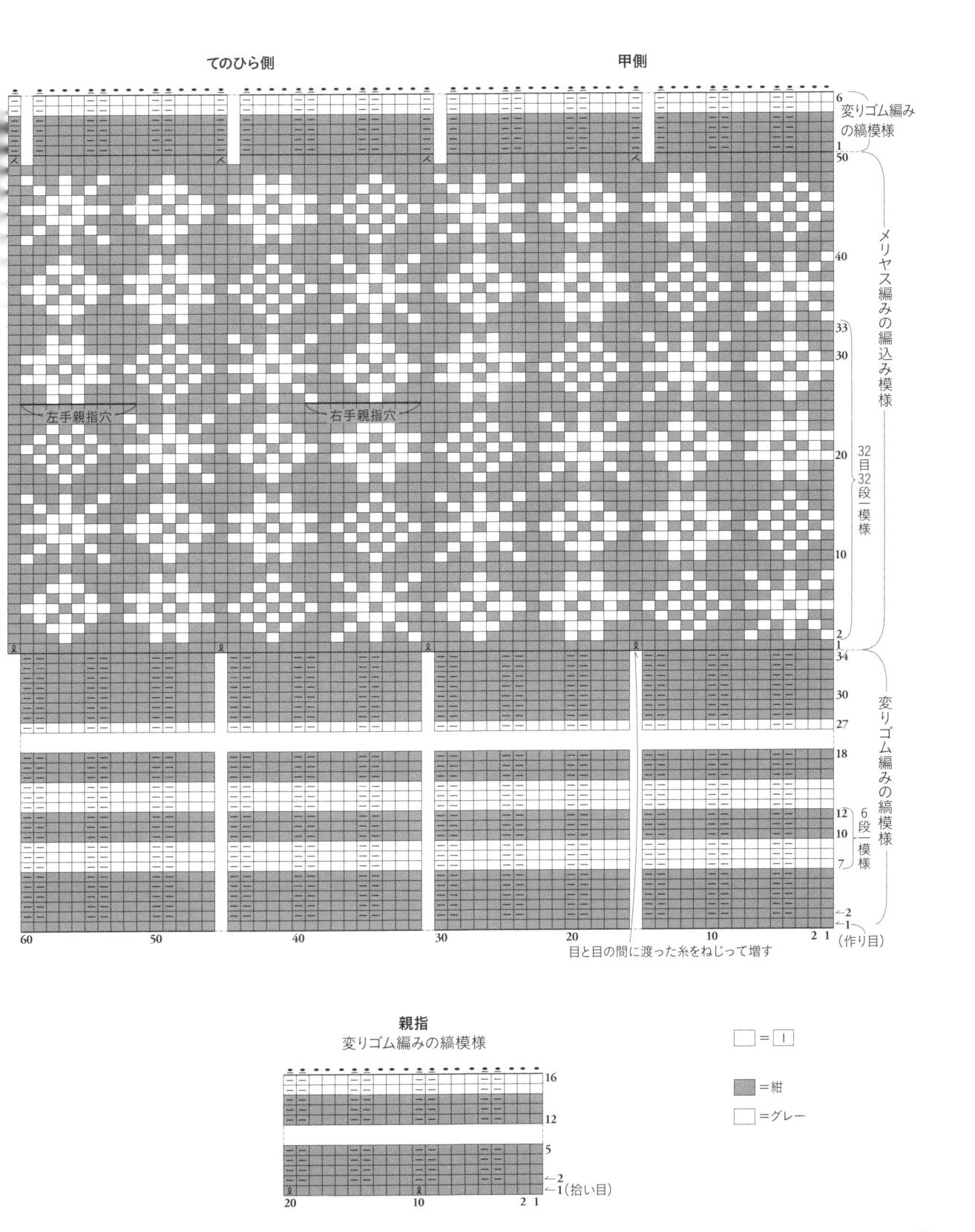

変リゴム編みの縞模様

メリヤス編みの編込み模様

32目32段一模様

左手親指穴　　　　右手親指穴

変リゴム編みの縞模様

6段一模様

目と目の間に渡った糸をねじって増す

(作り目)

親指
変リゴム編みの縞模様

(拾い目)

☐ = │

■ = 紺

☐ = グレー

51

帽子

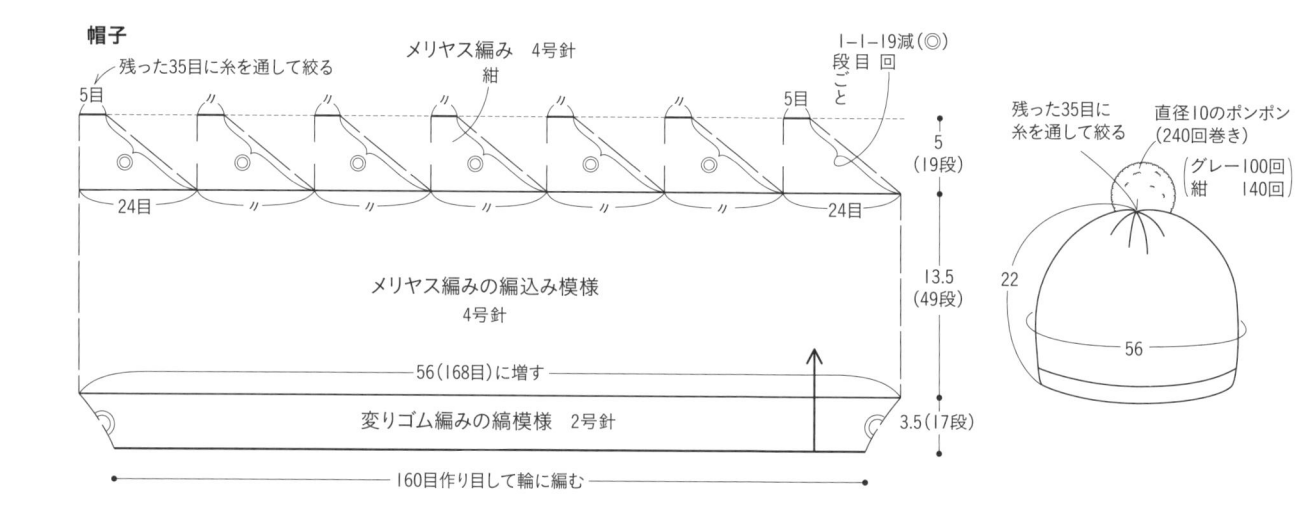

- 残った35目に糸を通して絞る
- 5目
- 24目
- メリヤス編み　4号針　紺
- 1-1-19減(◎) 段目ごと 回
- 5 (19段)
- 13.5 (49段)
- 3.5 (17段)
- メリヤス編みの編込み模様　4号針
- 56(168目)に増す
- 変りゴム編みの縞模様　2号針
- 160目作り目して輪に編む
- 直径10のポンポン (240回巻き) グレー100回 / 紺140回
- 22
- 56

編込み図案とトップの減し方

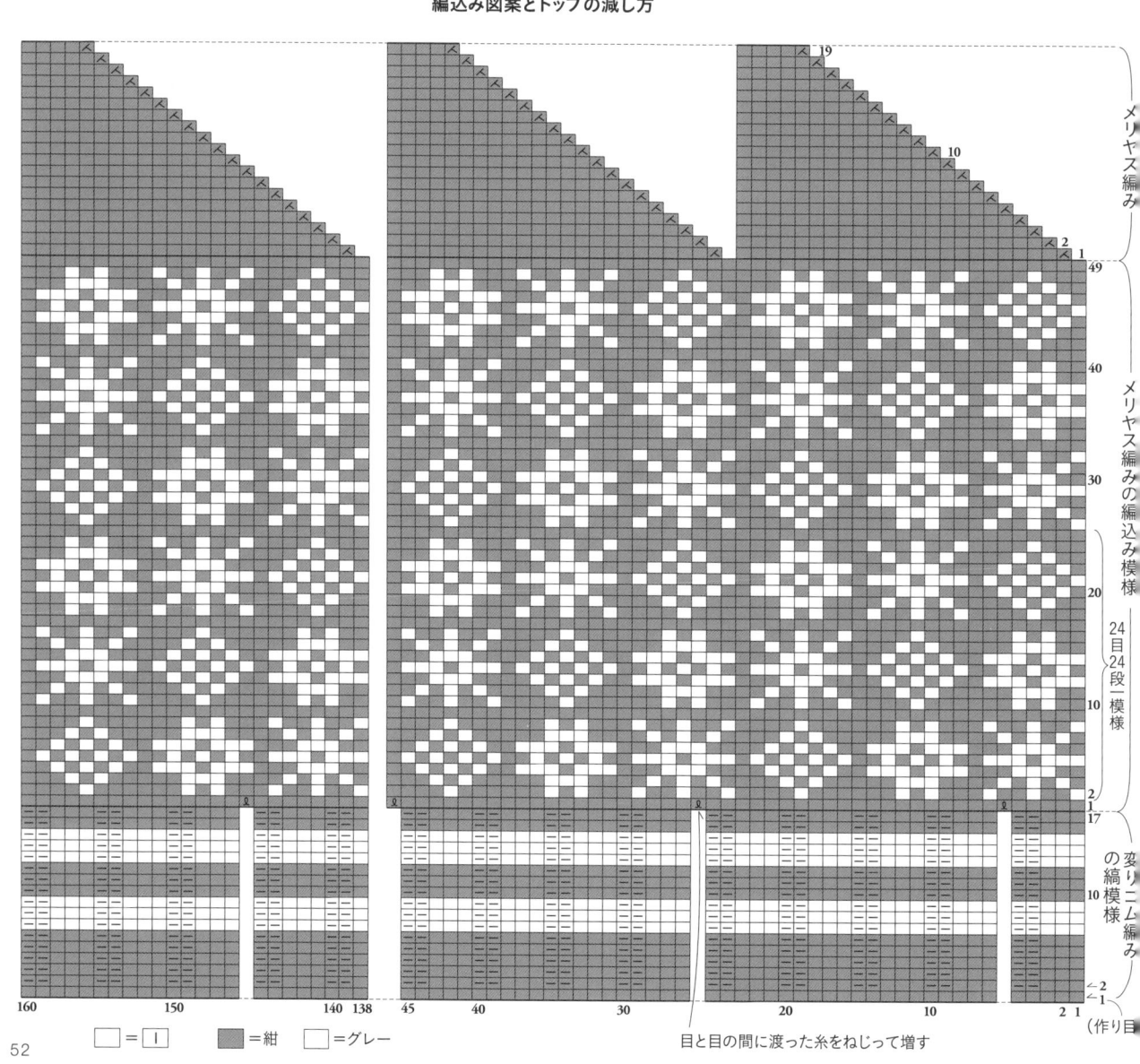

- メリヤス編み
- メリヤス編みの編込み模様　24目24段一模様
- 変りニム編みの縞模様
- 目と目の間に渡った糸をねじって増す
- □ = | 　■ = 紺　□ = グレー

page08 アランの衿つきカーディガン

[糸] パピー ブリティッシュエロイカ
ブルー系の混り糸（188）720g
[用具] 7号、9号2本棒針、7号輪針（60cm）
※輪針で往復編みをする
[その他] 直径2.5cmのボタン 5個
[ゲージ] 変りかのこ編み　20目25段が10cm四方
模様編みB　23.5目25段が10cm四方
[サイズ] 胸回り 97cm、着丈（肩から）58cm、ゆき丈 69.5cm
[編み方] 糸は1本どりで編みます。

後ろは指に糸をかける方法で98目作り目し、7号針で模様編みAを編みます。9号針に替えて107目に増し、変りかのこ編み、模様編みB、B'、B"、Cで図のように編みます。ポケット裏は同様に作り目し、9号針で模様編みC'を編んで目を休めます。前は後ろと同様に編んでポケット口で目を休め、ポケット裏を重ねて目を拾って編みます。袖は同様に作り目し、模様編みA、変りかのこ編み、裏メリヤス編み、模様編みCで図のように編みます。ラグラン線をメリヤスはぎとすくいとじでとじ合わせ、脇と袖下を続けてすくいとじにします。前立ては同様に作り目して7号針でねじり1目ゴム編みで編みますが、右前にはボタン穴をあけて編みます。衿は衿ぐりから目を拾い、7号輪針でねじり1目ゴム編みと模様編みAで編み、前段と同じ記号で伏止めをします。ポケット裏をまつりつけ、ボタンをつけます。

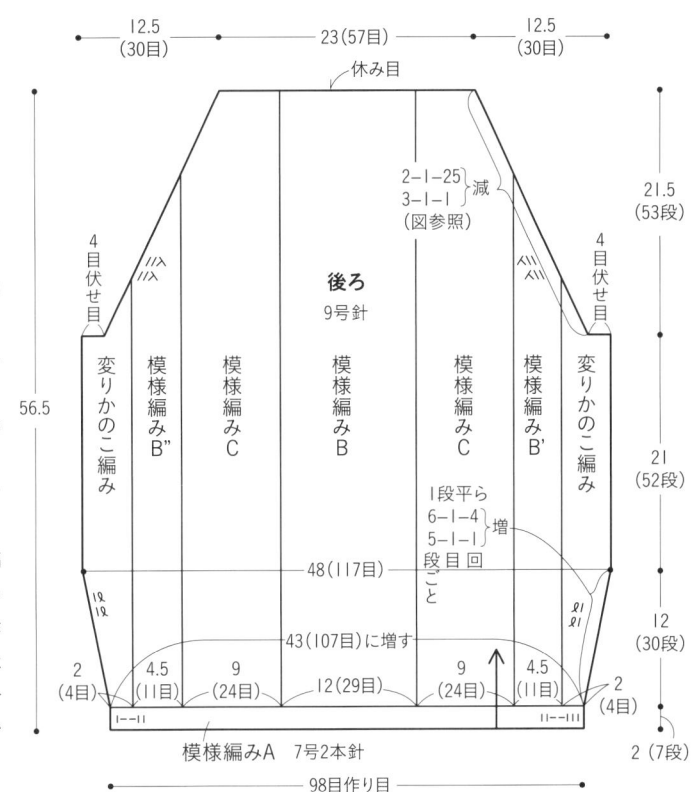

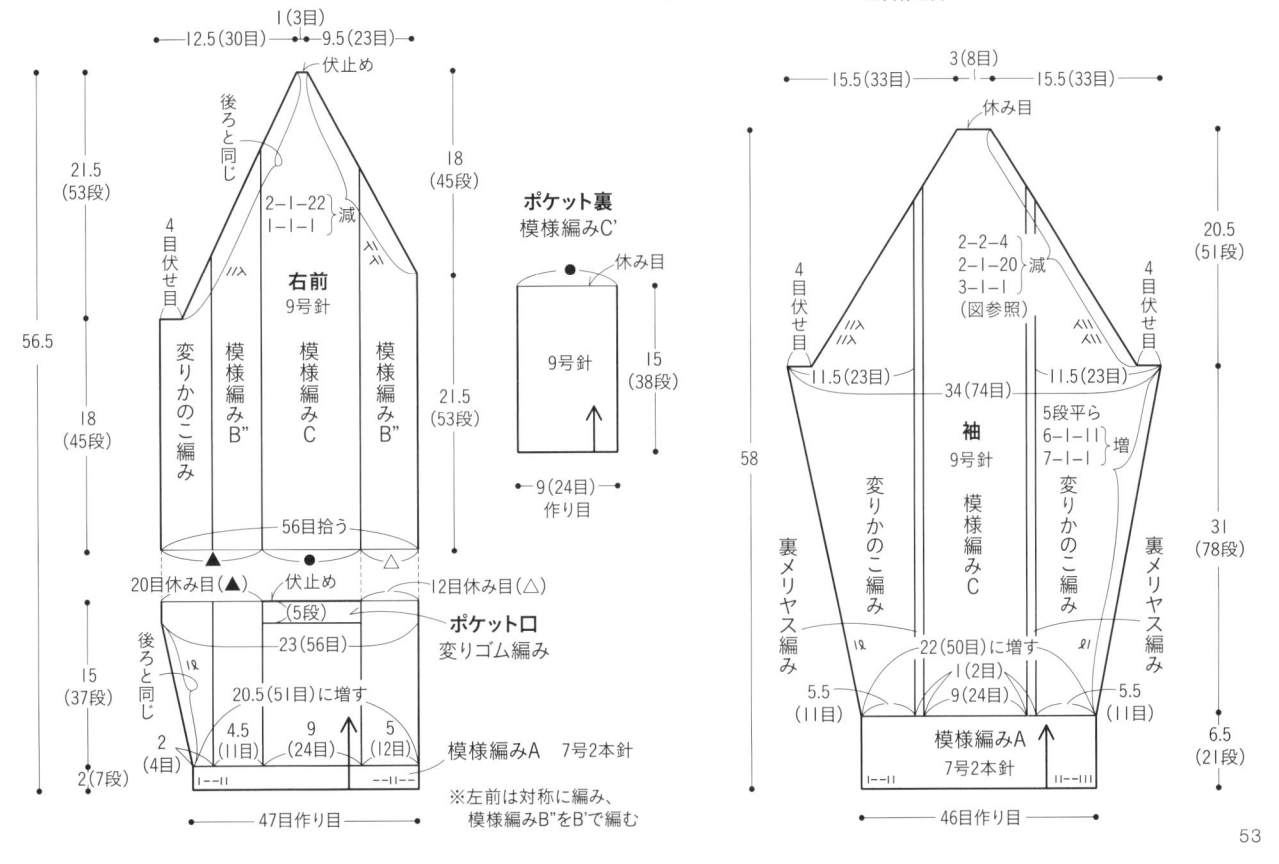

※左前は対称に編み、模様編みB"をB'で編む

後ろの編み方

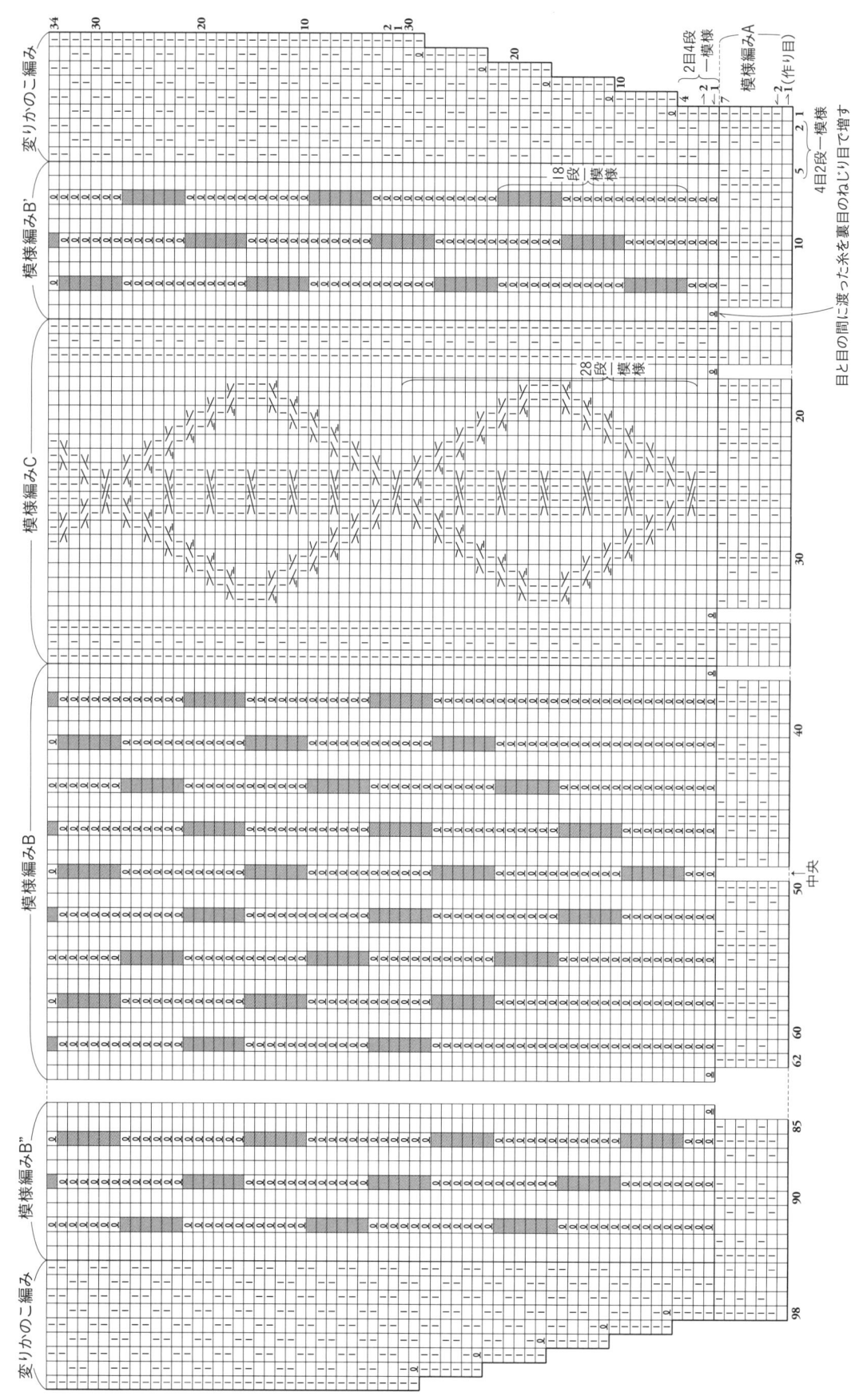

後ろの減し方

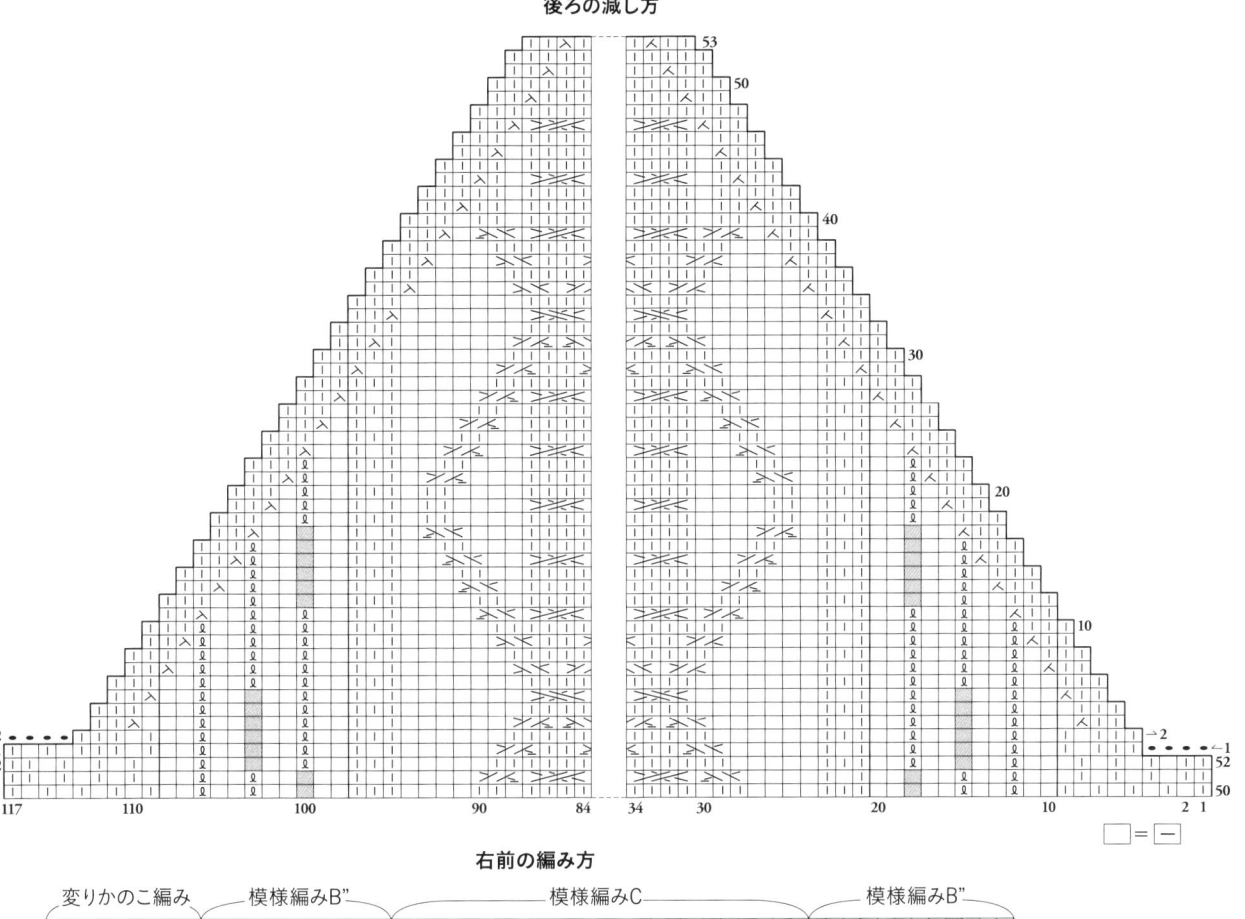

右前の編み方

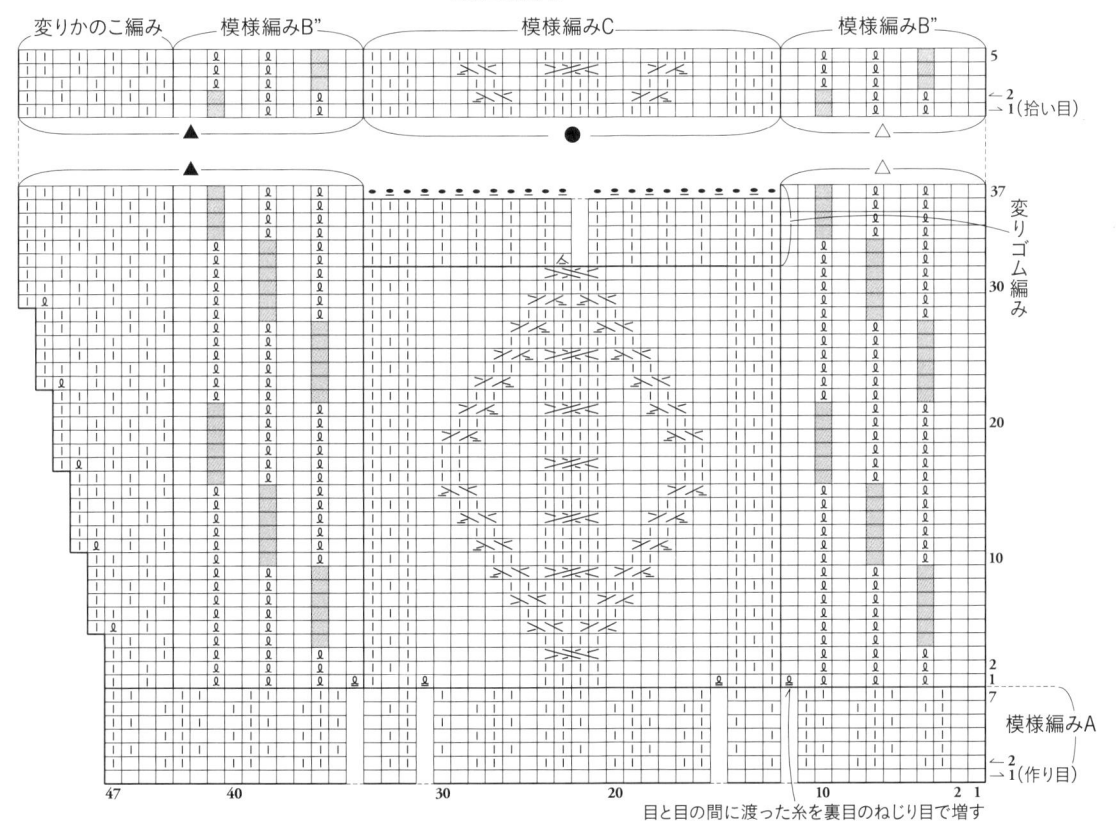

変りかのこ編み　模様編みB"　模様編みC　模様編みB"

変りゴム編み

模様編みA

目と目の間に渡った糸を裏目のねじり目で増す

ポケット裏の編み方

右前の減し方

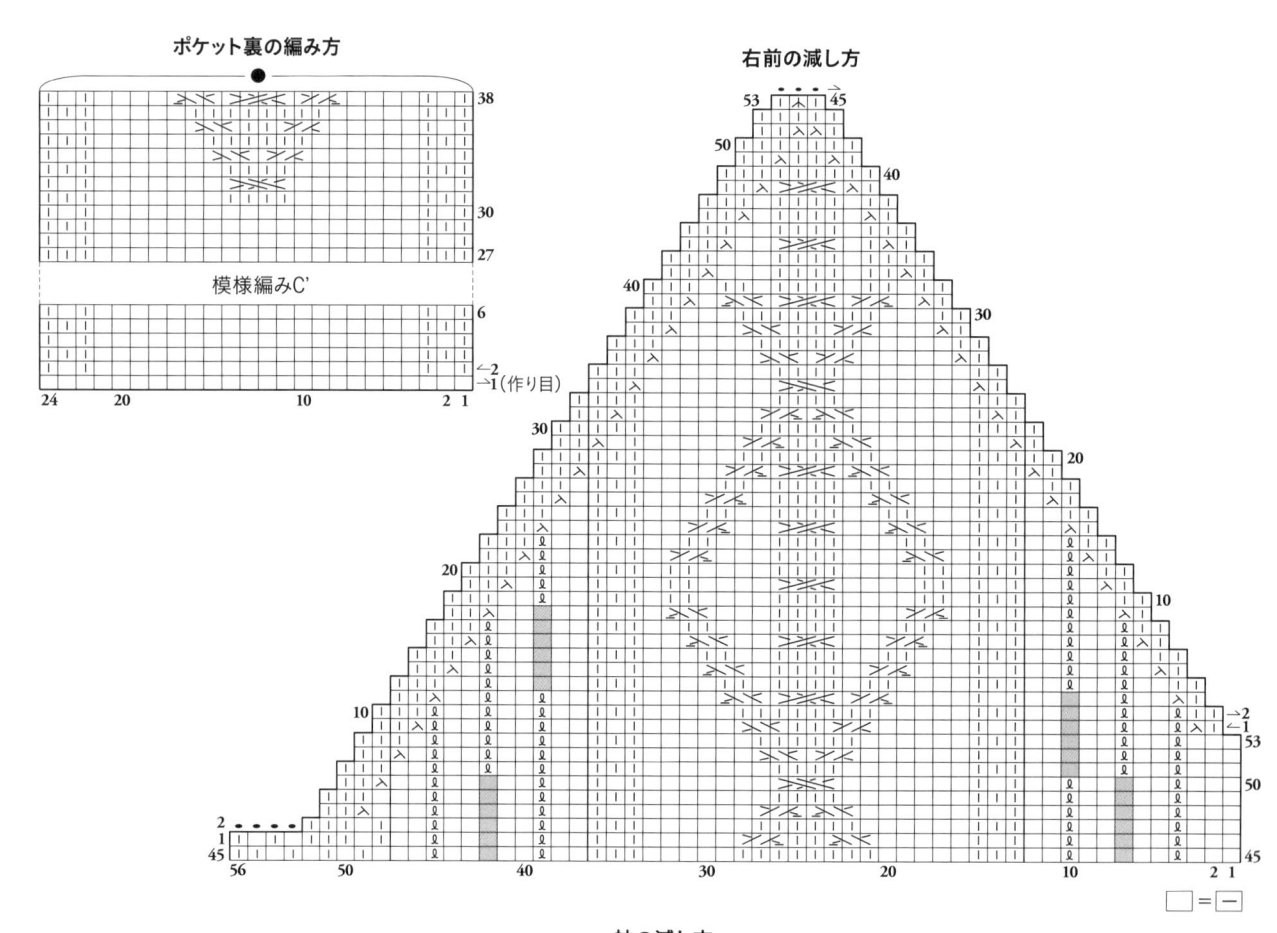

袖の減し方

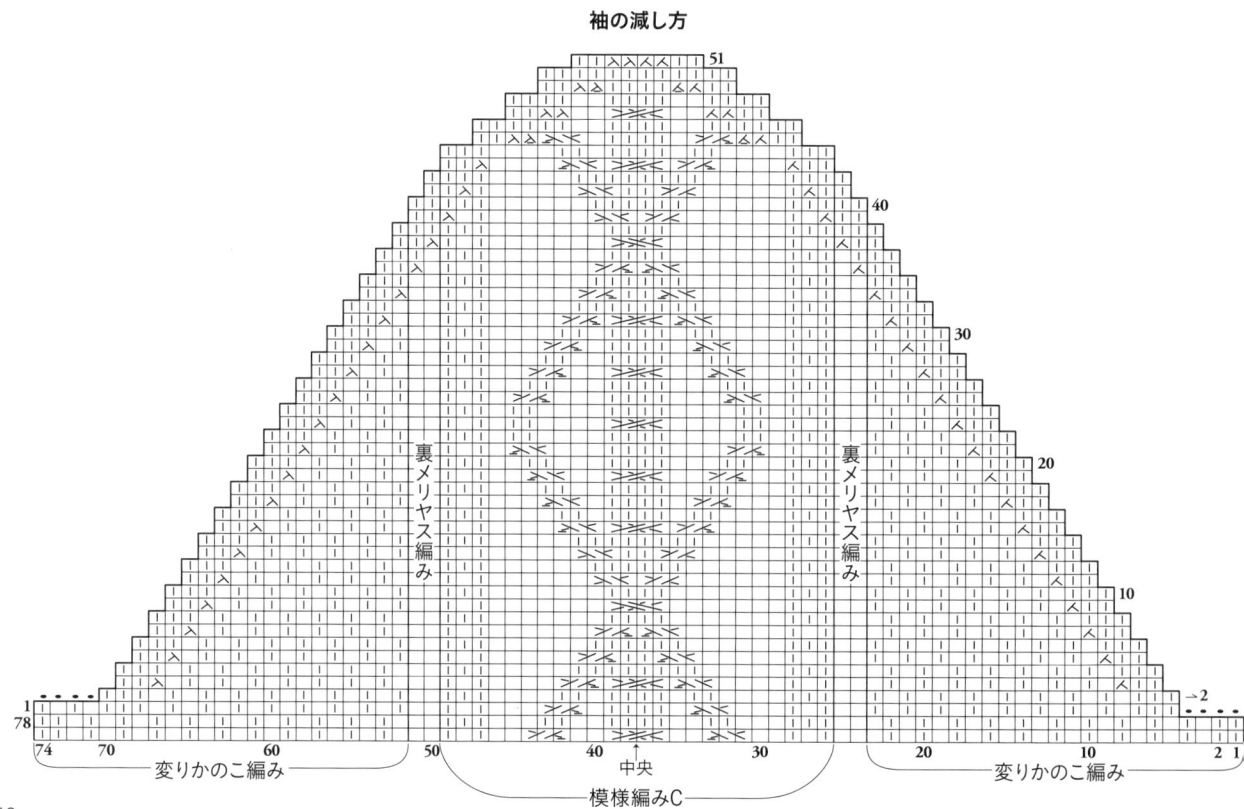

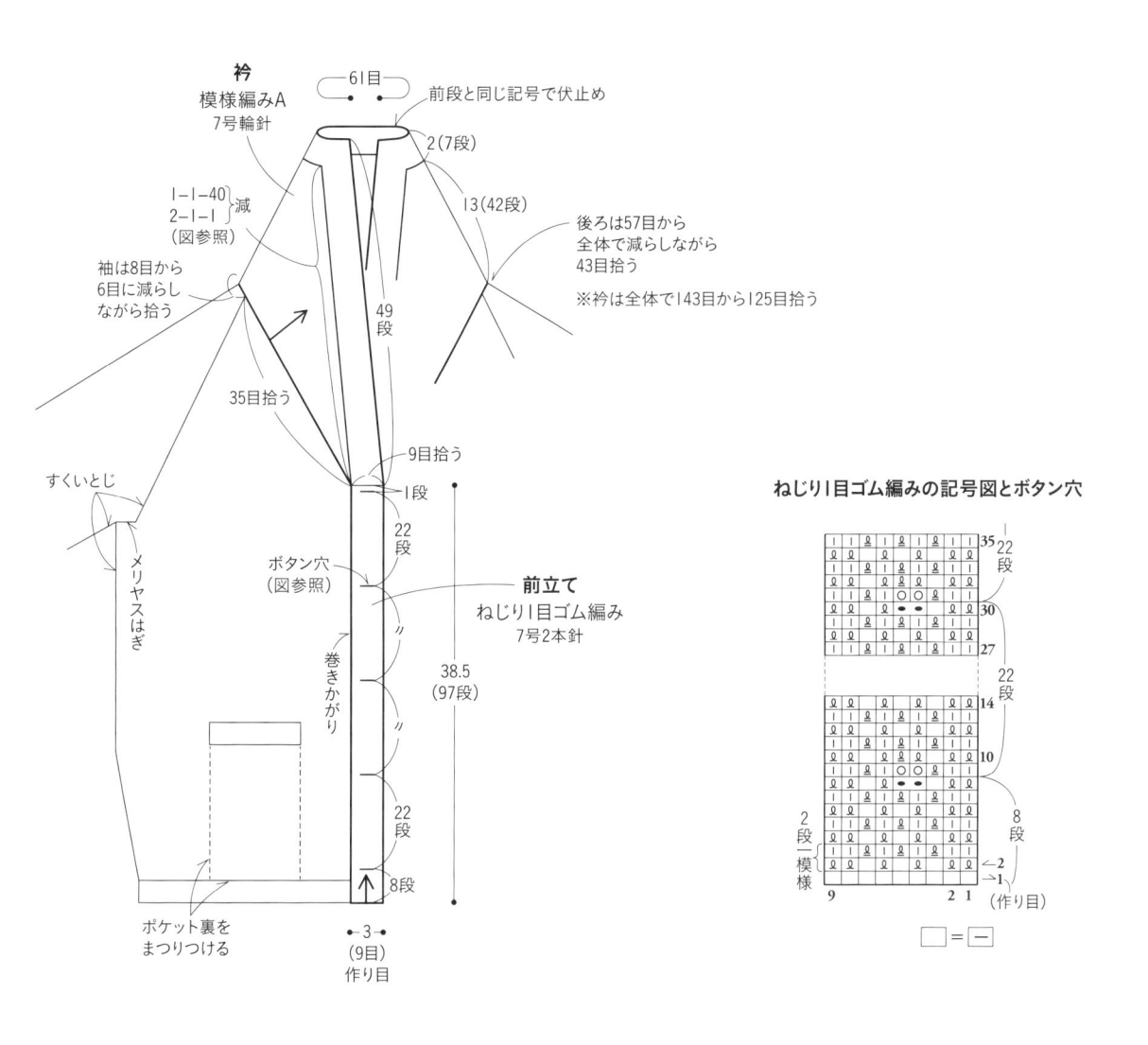

衿
模様編みA
7号輪針

- 61目
- 前段と同じ記号で伏止め
- 2(7段)
- 13(42段)
- 49段
- 1-1-40 減
- 2-1-1 （図参照）
- 袖は8目から6目に減らしながら拾う
- 後ろは57目から全体で減らしながら43目拾う
- ※衿は全体で143目から125目拾う
- 35目拾う
- 9目拾う
- 1段
- 22段
- ボタン穴（図参照）
- 巻きかがり
- 前立て ねじり1目ゴム編み 7号2本針
- 38.5（97段）
- 22段
- 22段
- 8段
- すくいとじ
- メリヤスはぎ
- ポケット裏をまつりつける
- ←3(9目)作り目

ねじり1目ゴム編みの記号図とボタン穴
- 35 / 22段
- 30
- 27
- 22段
- 14段
- 10
- 8段
- 2段一模様
- ←2
- ←1（作り目）
- 9　2　1
- □ = -

衿の減し方
模様編みA

- 9目 ねじり1目ゴム編み
- 35目
- 35目
- 9目 ねじり1目ゴム編み
- 9　1　35　30　20　17
- 19　10　1　9　2　1（拾い目）
- 15
- 10
- →2
- →1（拾い目）

記号：
- ⩘ = ねじり目の右上2目一度（かぶせる目をねじり目にする）
- ⩗ = ねじり目の左上2目一度（上になる目をねじって編む）

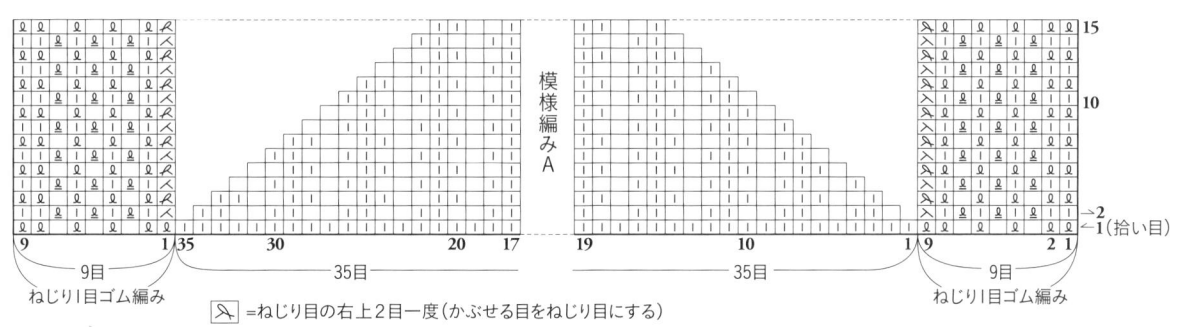

page16,18 大きなボタンのカーディガン

p.16をA、p.18をBとします。
[糸]　　A スクールハウスプレス シープスウール スリープライ　サンドベージュ（SW Pale）630g
　　　　B パピー シェットランド　青（16）620g
[用具]　A 7mm、15号2本棒針、7mm輪針（80cm）　B 8mm、7mm2本棒針、8mm輪針（80cm）　※輪針で往復編みをする
[その他] A 直径3.8cmのボタン 5個　B 直径3.6cmのボタン 5個
[ゲージ] ガーター編み　A 13.5目23段が10cm四方　B 13.5目22段が10cm四方
　　　　模様編み　A 15目17段が10cm四方　B 14.5目16段が10cm四方
[サイズ] 胸回り A 89cm　B 92.5cm、着丈（肩から）A 58cm　B 60.5cm、ゆき丈 A 71.5cm　B 75cm
[編み方] 糸はAは1本どり、Bは2本どりで編みます。指定以外はA、〈　〉内はB。
7mm2本針〈8mm2本針〉で裾、袖口は指に糸をかける方法で作り目し、ガーター編みを増減なく編み、編終りは伏止めをします。7mm輪針〈8mm輪針〉に替え、前後身頃は裾から目を拾い、模様編みで図のように続けて右前、後ろ、左前を編みます。袖も袖口から目を拾い、模様編みで編みます。ラグラン線をメリヤスはぎとすくいとじで合わせ、袖下をすくいとじにします。15号針〈7mm針〉に替え、衿ぐり、前立ての順にガーター編みを編みますが、右前にはボタン穴をあけます。ボタンをつけます。

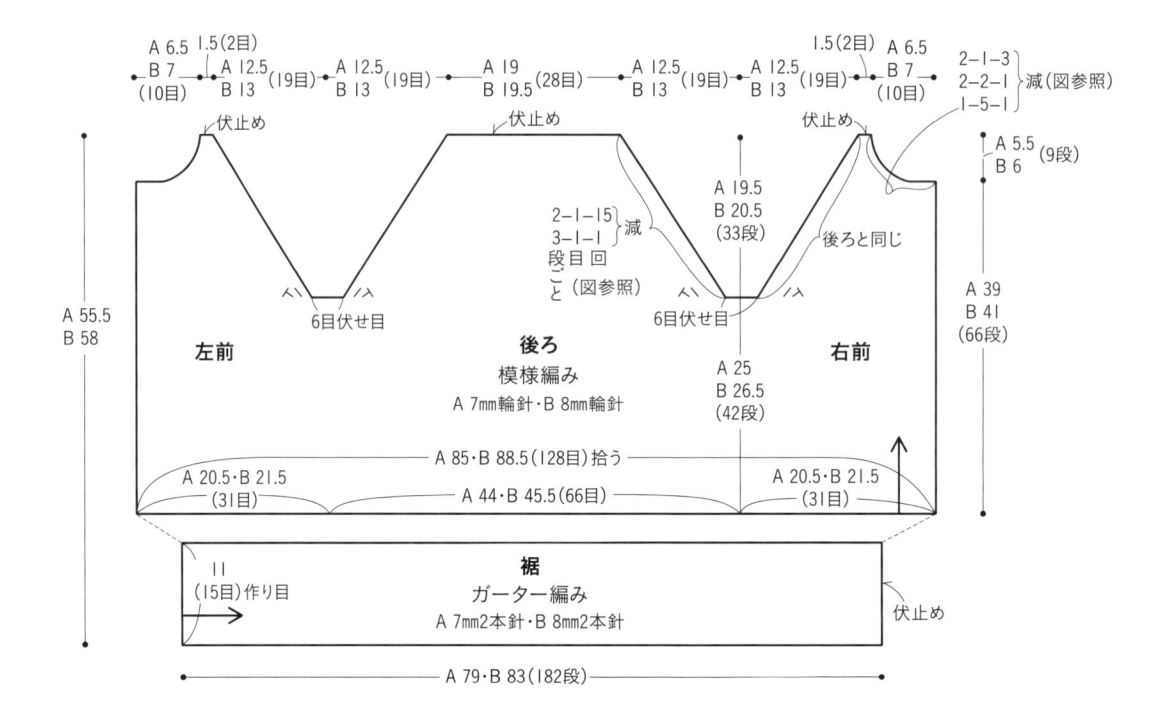

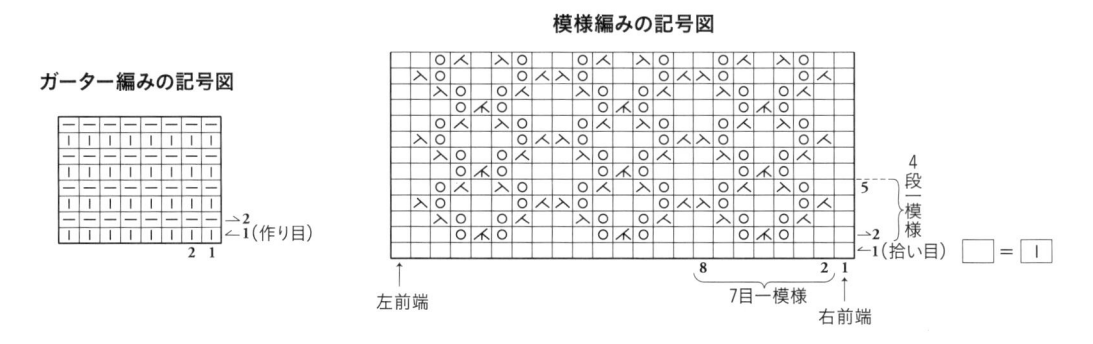

袖ぐりと衿ぐりの減し方

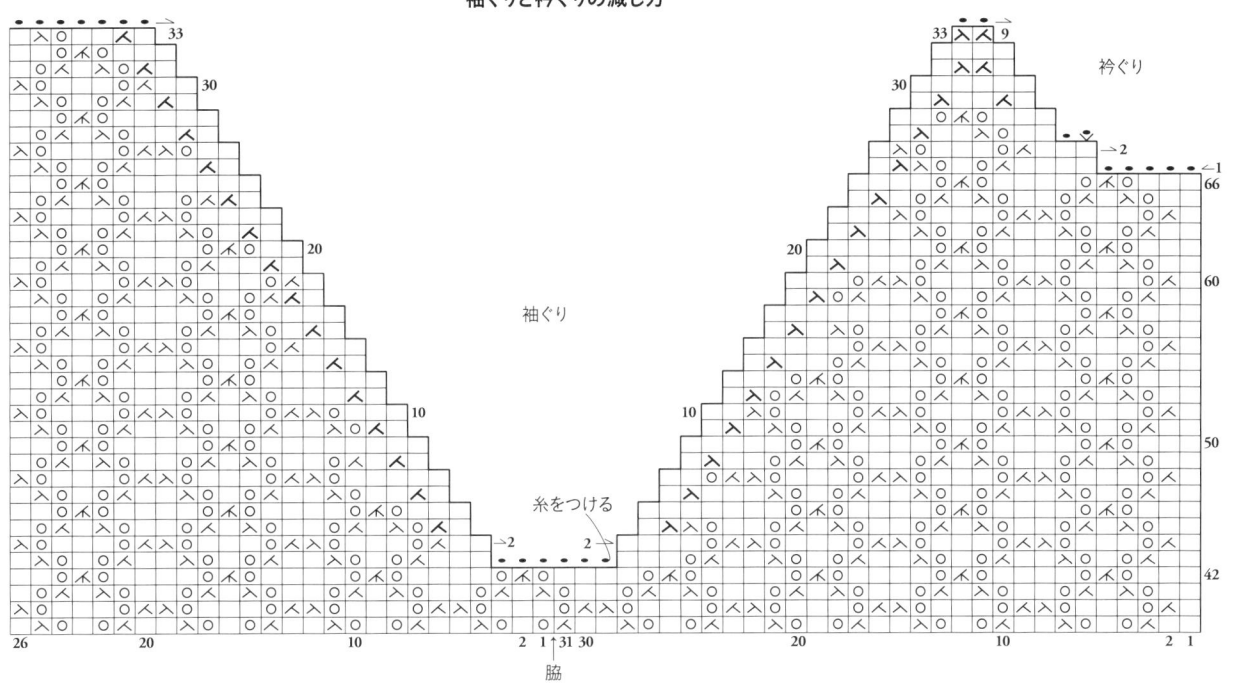

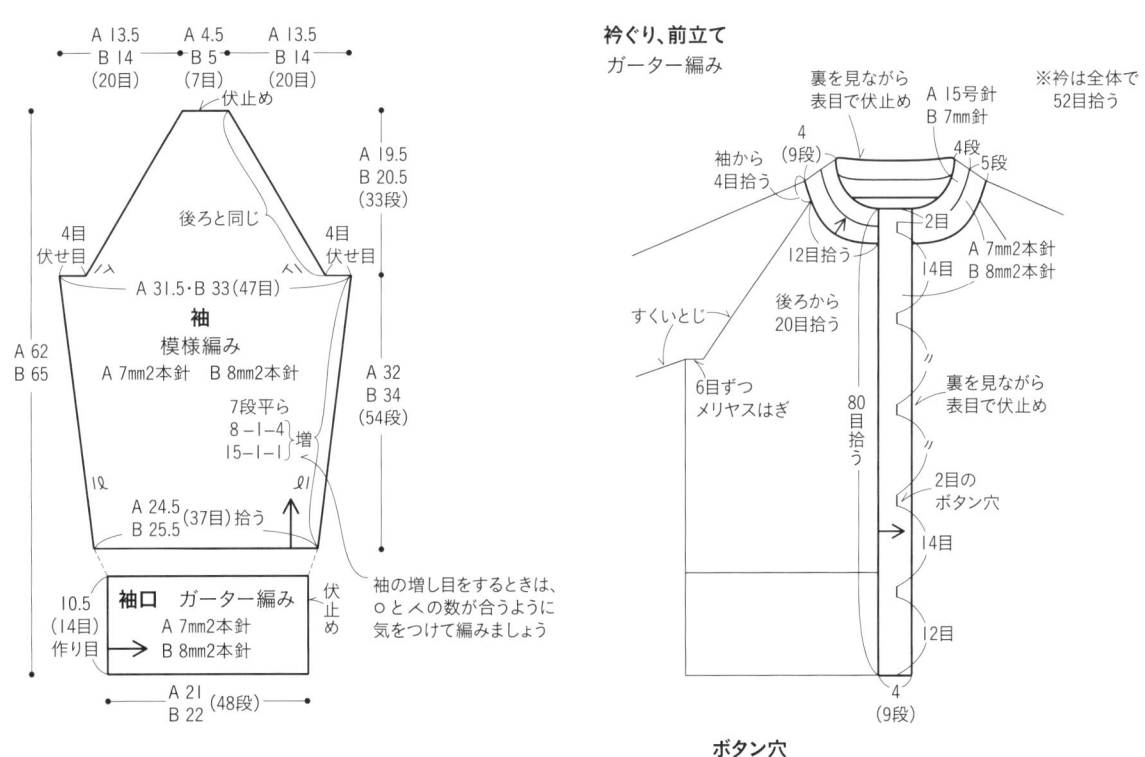

袖ぐり

衿ぐり

糸をつける

脇

袖
模様編み
A 7mm2本針 B 8mm2本針

A 13.5 / B 14 (20目)
A 4.5 / B 5 (7目)
A 13.5 / B 14 (20目)

伏止め
後ろと同じ
4目伏せ目

A 19.5 / B 20.5 (33段)
A 31.5・B 33 (47目)
A 32 / B 34 (54段)
A 62 / B 65

7段平ら
8-1-4
15-1-1 増

A 24.5 (37目) 拾う
B 25.5

袖口　ガーター編み
A 7mm2本針
→ B 8mm2本針

10.5 (14目) 作り目
伏止め

A 21 (48段)
B 22

袖の増し目をするときは、○と人の数が合うように気をつけて編みましょう

衿ぐり、前立て
ガーター編み

※衿は全体で52目拾う

裏を見ながら表目で伏止め

袖から4目拾う
4目 (9段)
4段
5段
2目

A 15号針
B 7mm針

12目拾う
後ろから20目拾う
14目

A 7mm2本針
B 8mm2本針

すくいとじ
6目ずつメリヤスはぎ

80目拾う

裏を見ながら表目で伏止め

2目のボタン穴
14目
12目
4 (9段)

ボタン穴

14目 / 2目 / 14目 / 2目 / 12目 (拾い目)

page17,35 ポンポンキャスケット

p.17をA、p.35左をBとします。
[糸] パピー ブリティッシュエロイカ A ベージュ（134）130g B グレー（146）130g
[用具] 10号、12号4本棒針
[ゲージ] ガーター編み 14目が10cm、12段が4.5cm 変りゴム編み 22目33段が10cm四方
[サイズ] 頭回り54cm、深さ19cm
[編み方] 糸は、ガーター編みは2本どり、変りゴム編みは1本どりで編みます。
ブリムは2本どりで指に糸をかける方法で40目作り目し、12号針でガーター編みを図のように編み、編終りは目を休めます。ベルトは後ろ中央から針にかかった目から編み出す方法で23目作り目し、ブリムから30目拾い、反対側も同様に23目作り目をし、ガーター編みを輪に編みます。10号針に替えて120目に増し、1本どりで変りゴム編みを編み、トップは図のように減らします。残った40目に糸を1目おきに2周通して絞ります。ポンポンを作ってトップにつけます。

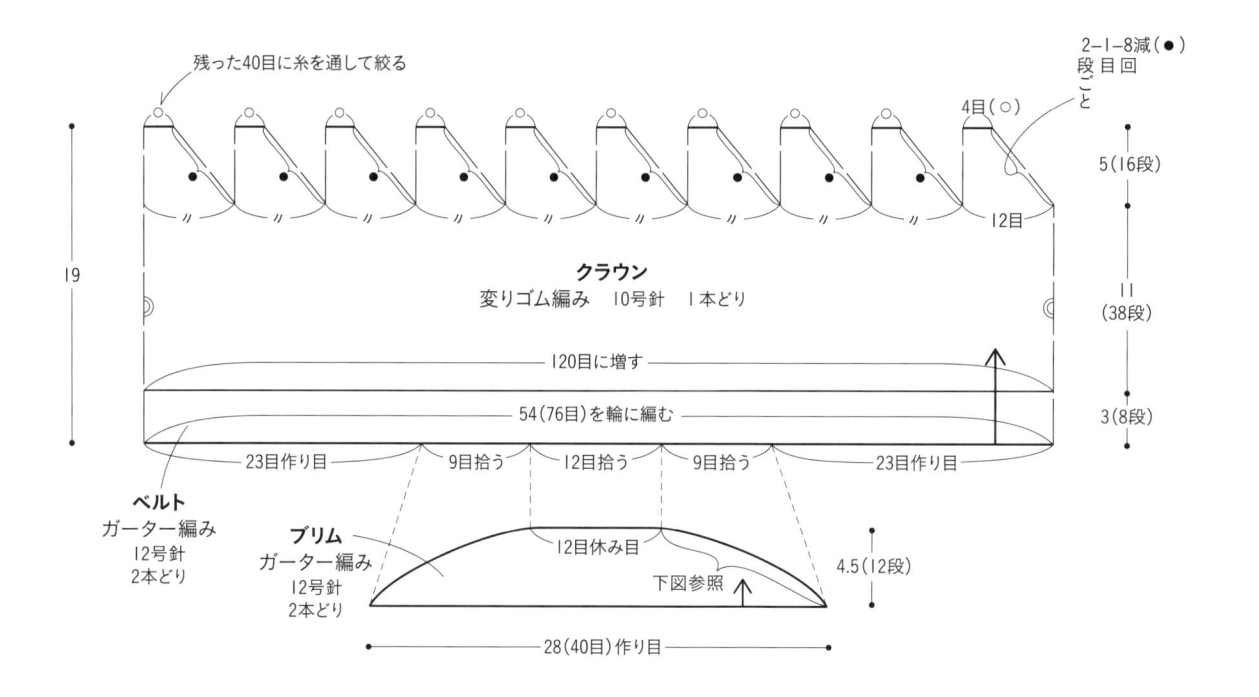

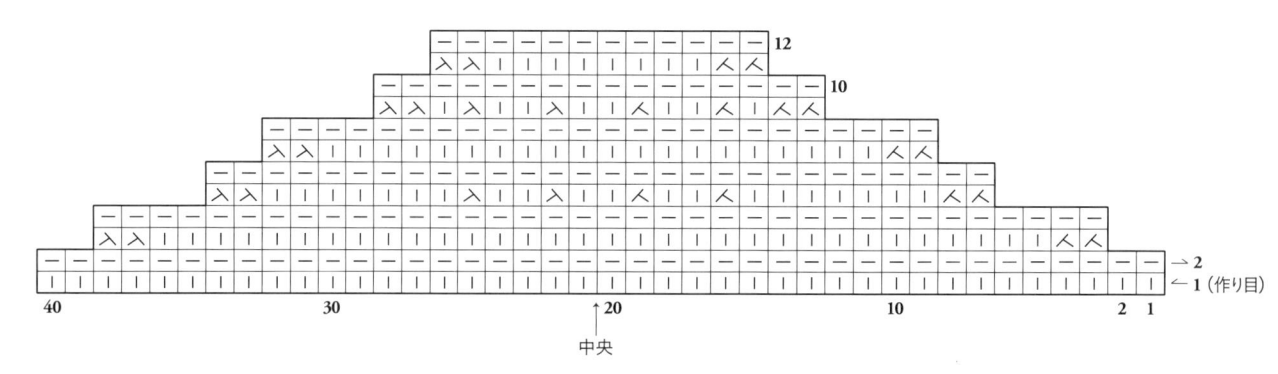

ブリムの減し方

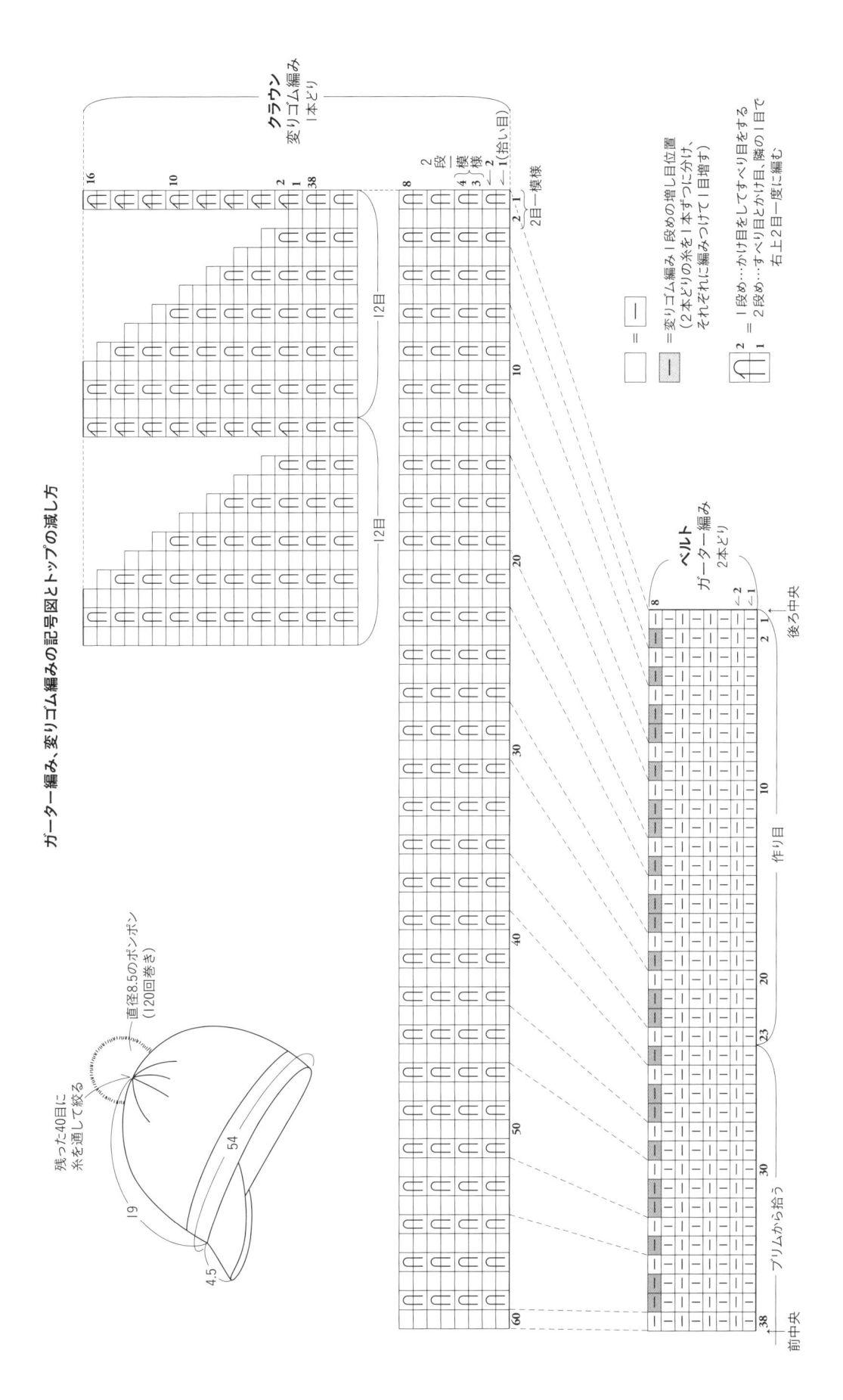

ガーター編み、変リゴム編みの記号図とトップの減らし方

page22 エッフェルタワーのショール

- [糸] オステルヨートランド ヴィシュ グレー（4）310g
- [用具] 7号2本棒針、輪針（80cm） ※輪針で往復編みをする
- [ゲージ] 模様編みA 21目30段が10cm四方
- [サイズ] 幅180cm、長さ 約80cm
- [編み方] 糸は1本どりで編みます。

縁編みは7号2本針で編みます。縁編みAは指に糸をかける方法で3目作り目し、図のように編みます。縁編みBはAから目を拾って663段編み、続けて、縁編みA'を編んで指定の位置の目と段をはぎ合わせます。7号輪針に替え、本体は縁編みBから目を拾い、ガーター編み、模様編みA、B、A'で図のように減らしながら編みます。残った7目ずつを引抜きはぎではぎ合わせます。仕上げに、アイロン台に広げてピンを打ち、スチームアイロンを当てて整えます。

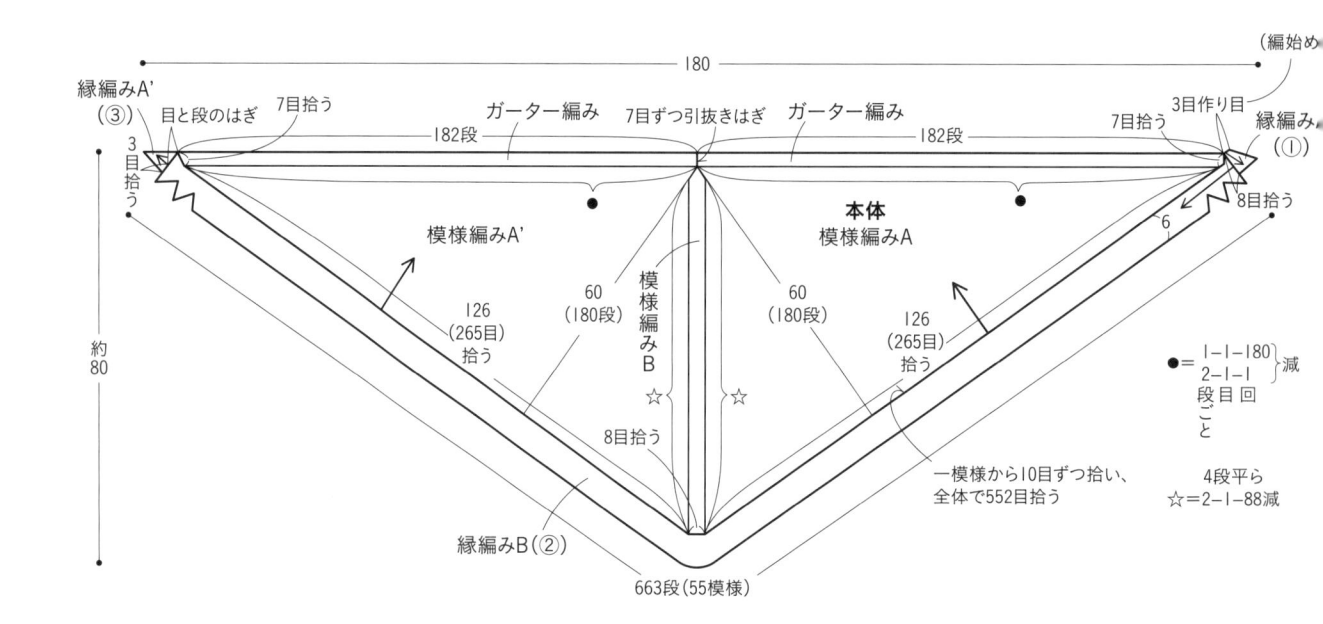

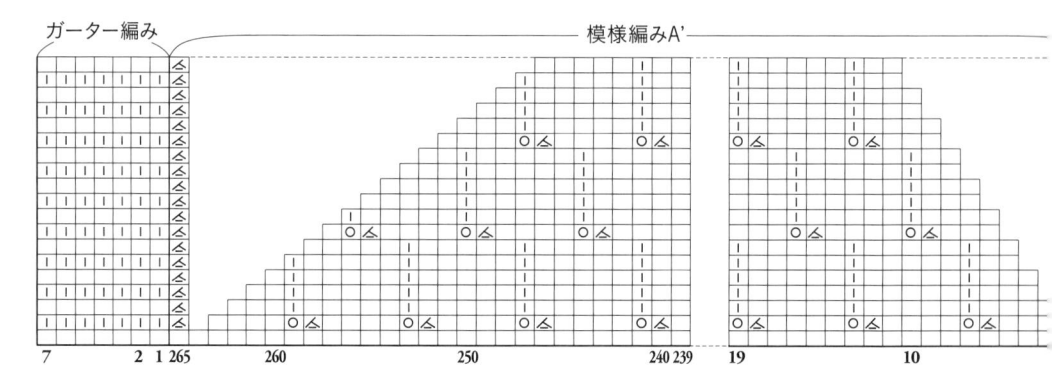

縁編みの編み方　①〜③の順に編む
7号2本針

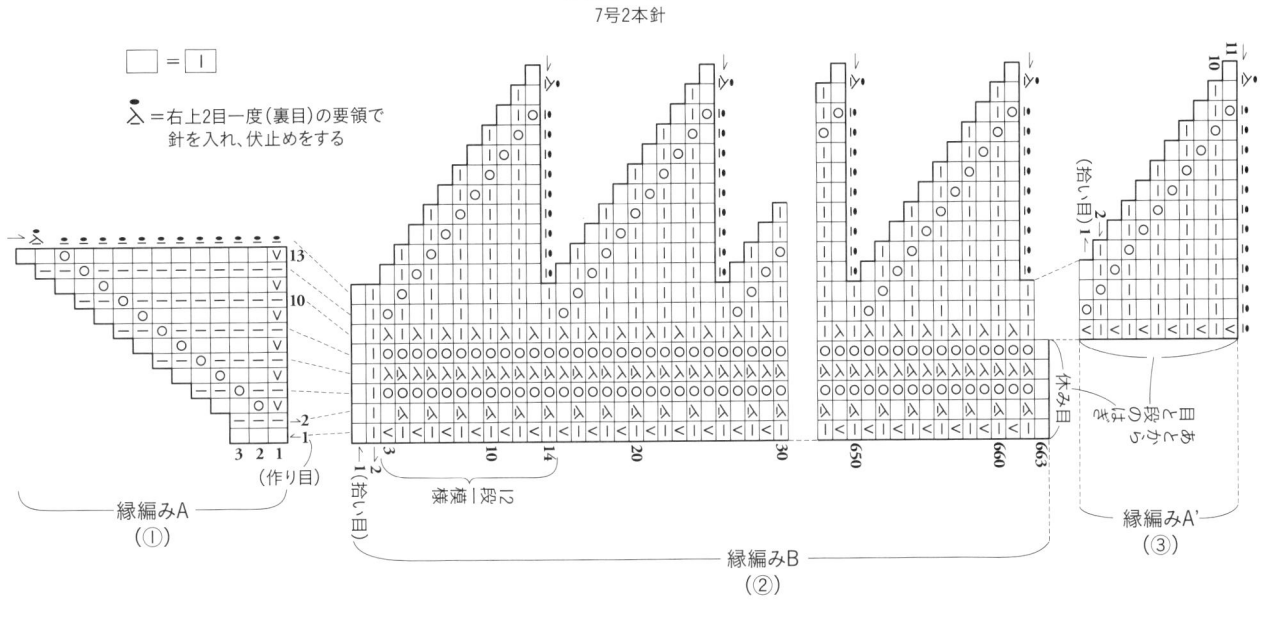

□ = |

入 = 右上2目一度(裏目)の要領で針を入れ、伏止めをする

縁編みA（①）

縁編みB（②）

縁編みA'（③）

本体の編終り
7号輪針

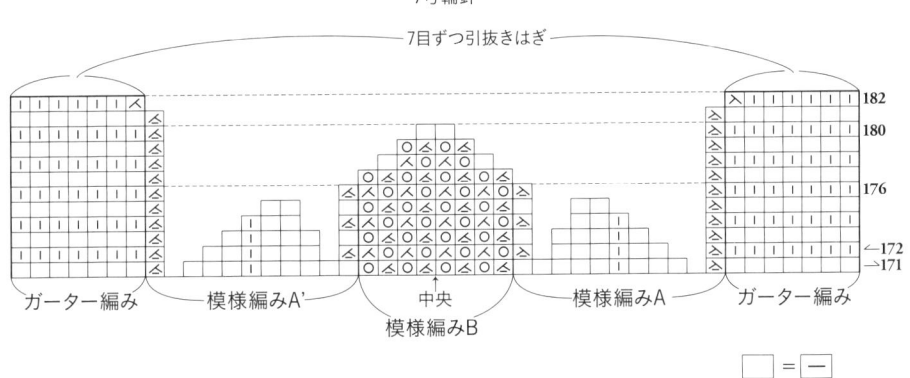

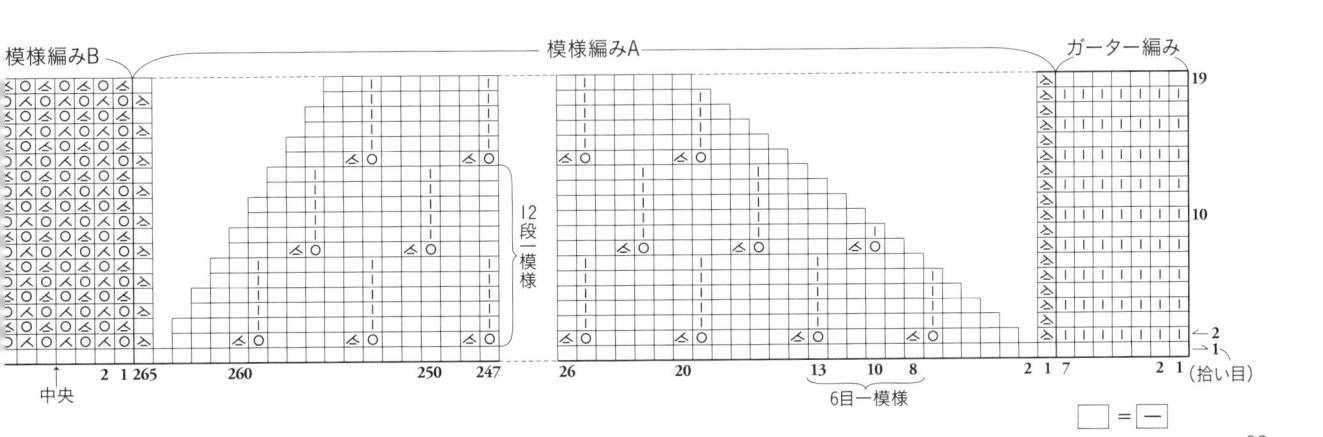

7目ずつ引抜きはぎ

ガーター編み　模様編みA'　中央 模様編みB　模様編みA　ガーター編み

□ = —

模様編みB　模様編みA　ガーター編み

12段一模様

6目一模様

中央

□ = —

page24 クロッカス色のヨークセーター

[糸]　パピー ミニスポーツ　グレー（660）380g、モスグリーン（710）、紫色（711）各50g、黄色（688）、茶色（709）各20g
[用具]　8号、10号輪針（80cm）、8号、10号2本棒針、8号、10号4本棒針
[ゲージ]　メリヤス編み（輪編み）　20.5目25段が10cm四方　メリヤス編み（往復編み）　19目23段が10cm四方
　　　　メリヤス編みの編込み模様　20目19段が10cm四方
[サイズ]　胸回り83cm、着丈（肩から）55cm、ゆき丈70.5cm
[編み方]　糸は1本どりで、指定以外はグレーで編みます。

前後身頃は、紫色で指に糸をかける方法で160目作り目して輪にし、8号輪針で2目ゴム編みの縞模様Aを編みます。10号輪針に替えて170目に増し、メリヤス編みで57段編み、後ろを往復で8段編み、目を休めます。袖は、同様に作り目して8号2本針で2目ゴム編みの縞模様B、10号2本針でメリヤス編みで図のように編んで目を休めます。身頃と袖の8目ずつをメリヤスはぎし、合い印の目と段をはぎ合わせます。袖下をすくいとじします。ヨークは、10号輪針で身頃と袖から輪に目を拾ってメリヤス編みの編込み模様を全体で減らしながら図のように編み、続けて衿ぐりを8号4本針で2目ゴム編みを編んで、編終りは前段と同じ記号で伏止めをします。

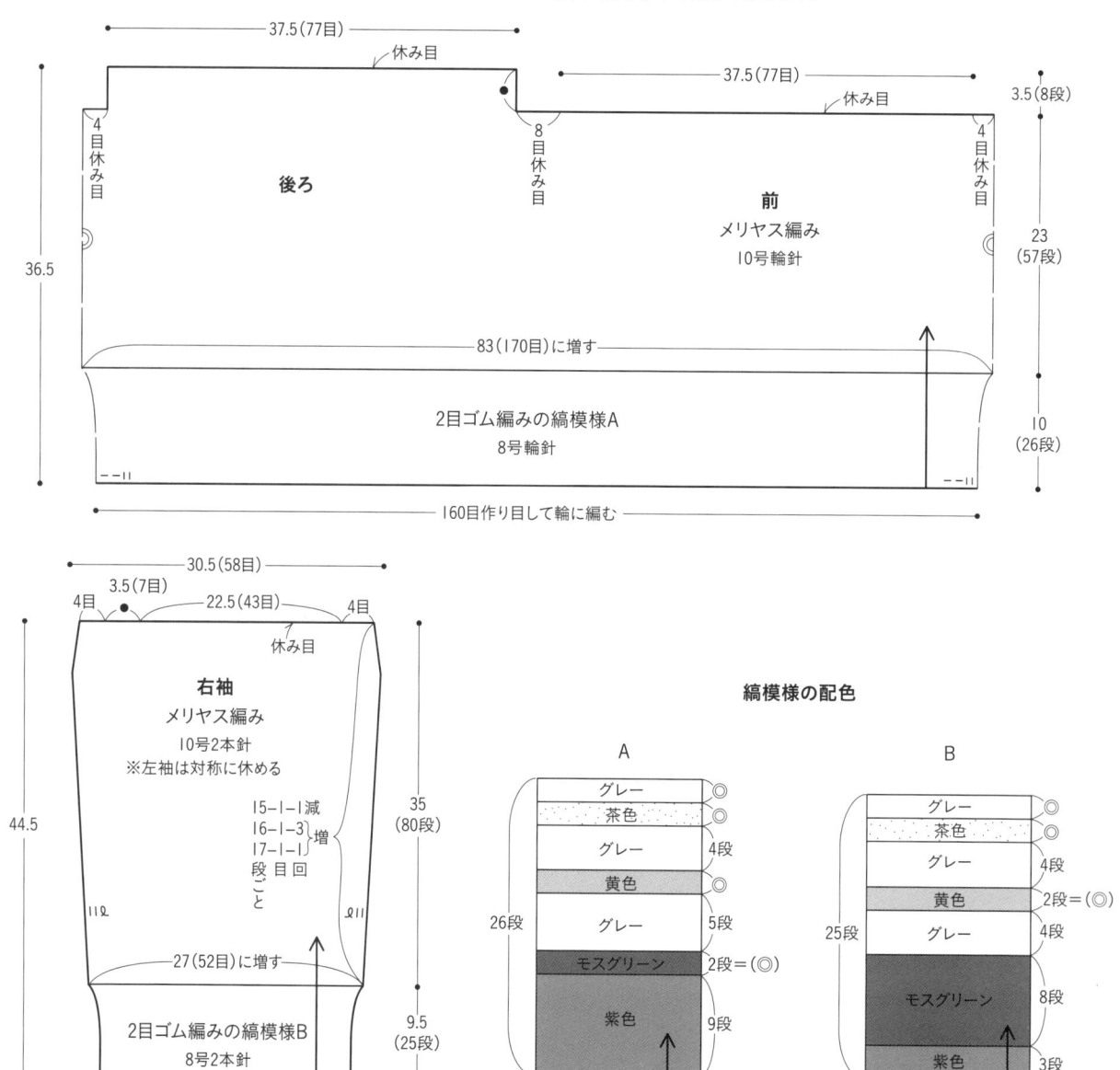

縞模様の配色

ヨークの編込み図案と減し方

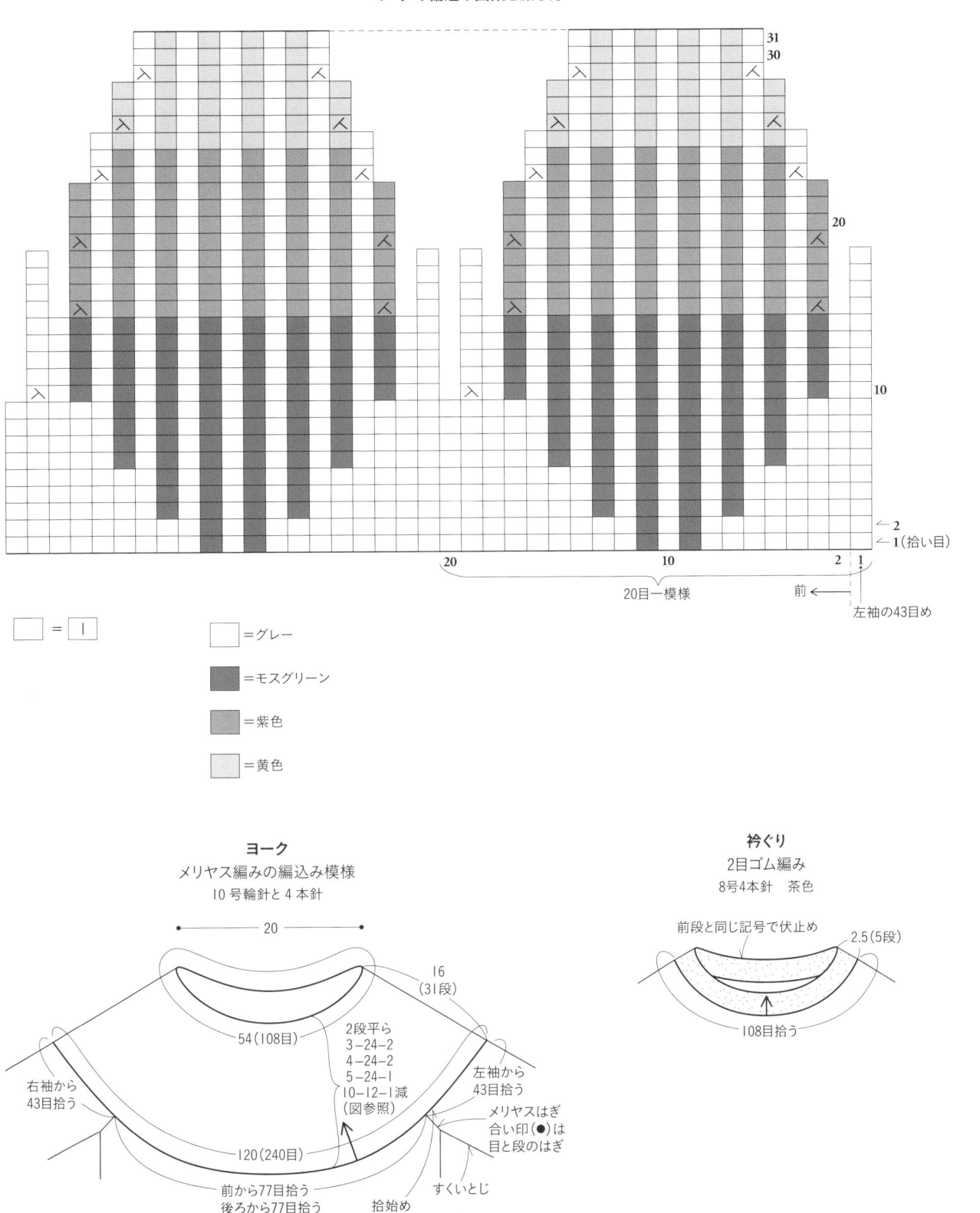

□ = | |

□ = グレー
■ = モスグリーン
■ = 紫色
□ = 黄色

20目一模様　前←
左袖の43目め

← 2
← 1 (拾い目)

ヨーク
メリヤス編みの編込み模様
10号輪針と4本針

20

16 (31段)
54 (108目)
2段平ら
3-24-2
4-24-2
5-24-1
10-12-1減
(図参照)

120 (240目)

右袖から43目拾う
左袖から43目拾う
前から77目拾う
後ろから77目拾う
拾始め (左袖の43目め)
メリヤスはぎ
合い印(●)は目と段のはぎ
すくいとじ

衿ぐり
2目ゴム編み
8号4本針　茶色

前段と同じ記号で伏止め
2.5 (5段)
108目拾う

page26 ケーブルを並べたキャップ

[糸] パピー ブリティッシュエロイカ
紺(102) 110g
[用具] 9号4本棒針
[ゲージ] 模様編み 43目が15.5cm、25段が10cm
[サイズ] 頭回り46.5cm、深さ26cm
[編み方] 糸は1本どりで編みます。

指に糸をかける方法で129目作り目して輪にし、模様編みを編みます。トップは図のように減らします。残った30目に糸を1目おきに2周通して絞り、裏から巻きかがりで穴をふさぎます。

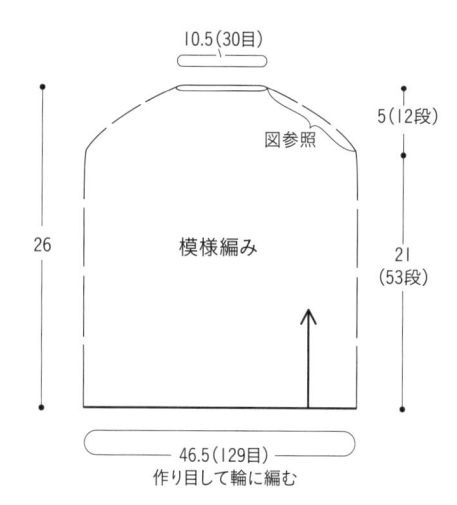

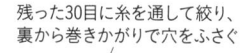

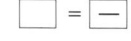

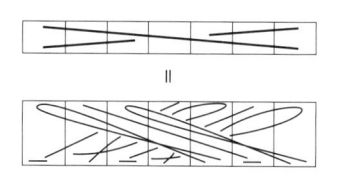

①別針に3目をとって手前におく
②左針の4目をねじり目、裏目、ねじり目、裏目の順に編む
③別針の目をねじり目、裏目、ねじり目の順に編む

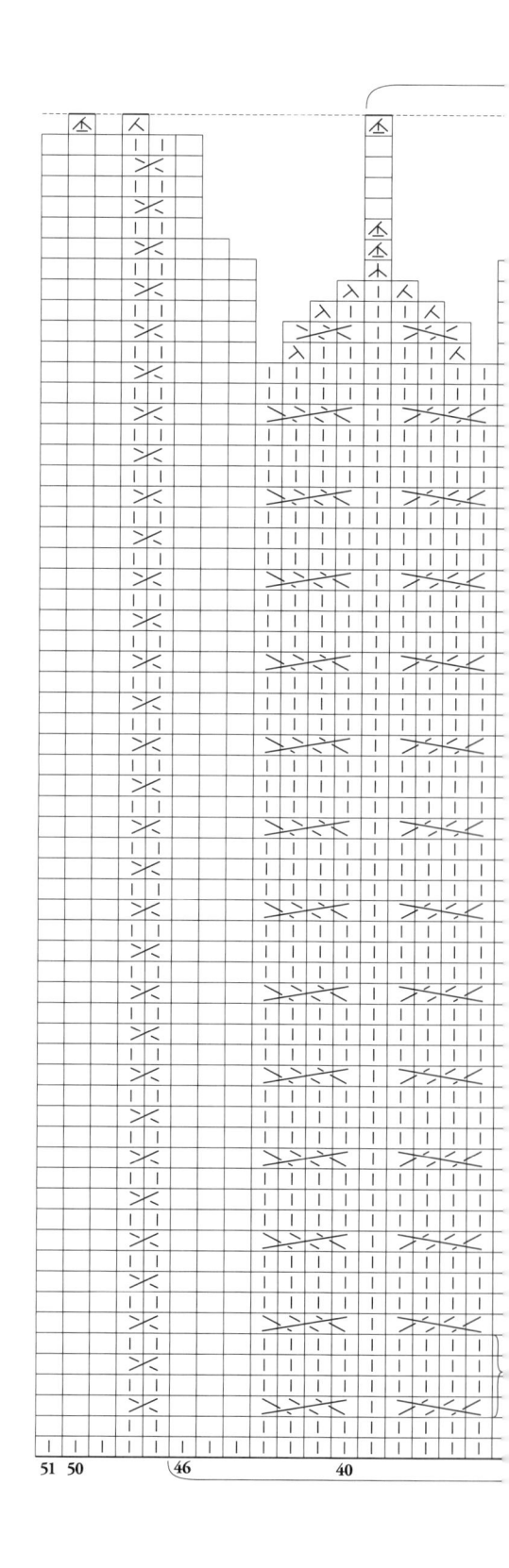

模様編みの記号図とトップの減し方

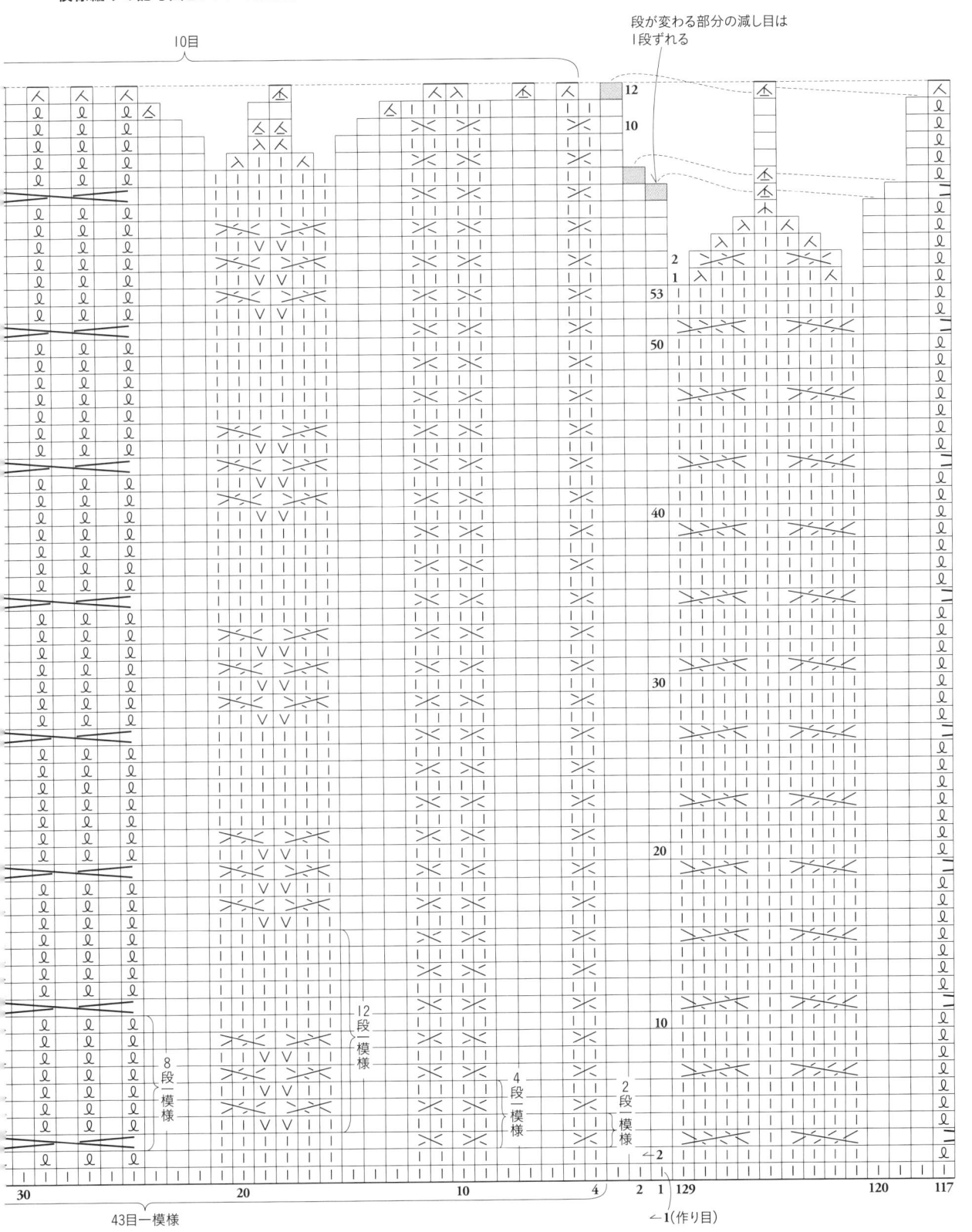

段が変わる部分の減し目は1段ずれる

page27 白いベスト

- [糸] ハマナカ グランエトフ オフホワイト（101）310g
- [用具] 15号、7mm2本棒針
- [その他] 直径1.8cmのボタン 3個
- [ゲージ] 裏メリヤス編み（7mm針） 12.5目17段が10cm四方
- [サイズ] 着丈（肩から）59.5cm、ゆき丈 36cm
- [編み方] 糸は1本どりで編みます。

後ろは指に糸をかける方法で56目作り目し、15号針で裏メリヤス編みを編みます。7mm針に替えて、図のように左右各8目内側でかけ目をして増しながら編みます。前は同様に編みますが、右前にはボタン穴をあけて編みます。肩を引抜きはぎにし、脇をすくいとじにします。ボタンをつけます。

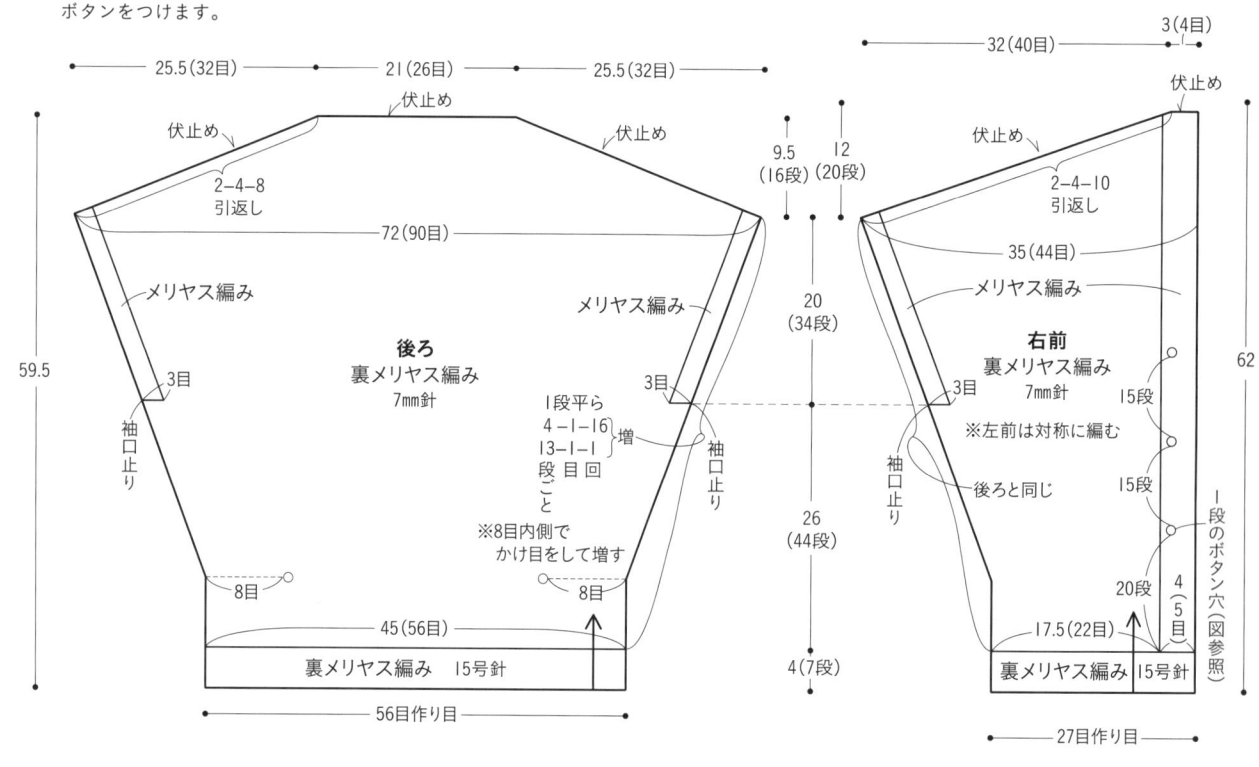

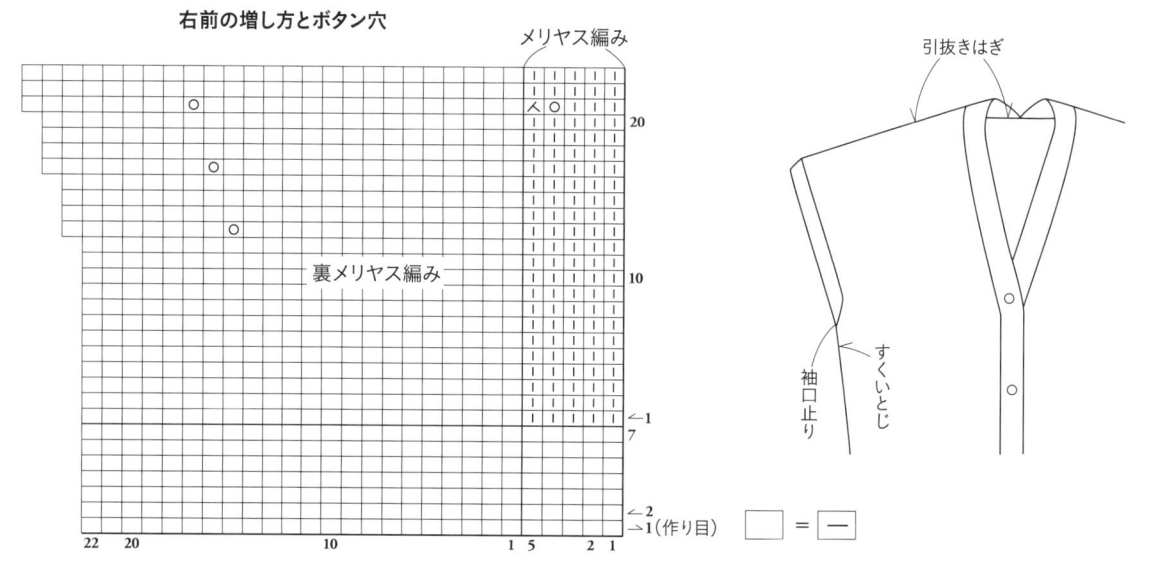

後ろの編み方

裏メリヤス編み

メリヤス編み

メリヤス編み

(段消し)

□ = │

page28 レースフレームのカーディガン

[糸]　ハマナカ ソノモノ《超極太》 生成り（11）660g
[用具]　13号、15号2本棒針
[その他]　直径2.3cmのボタン7個
[ゲージ]　メリヤス編み　14目19段が10cm四方
[サイズ]　胸回り102cm、着丈54cm、ゆき丈41cm
[編み方]　糸は1本どりで編みます。

前後身頃は指に糸をかける方法で作り目し、13号針でガーター編みを編みます。15号針に替えて指定の目数に増し、メリヤス編み、模様編みで図のように編みます。肩をメリヤスはぎにします。袖を前後身頃から拾ってガーター編みで編みます。脇と袖下を続けてすくいとじにします。13号針に替えて、衿ぐりと前立てをガーター編みで編みますが、右前にはボタン穴をあけて編みます。ボタンをつけます。

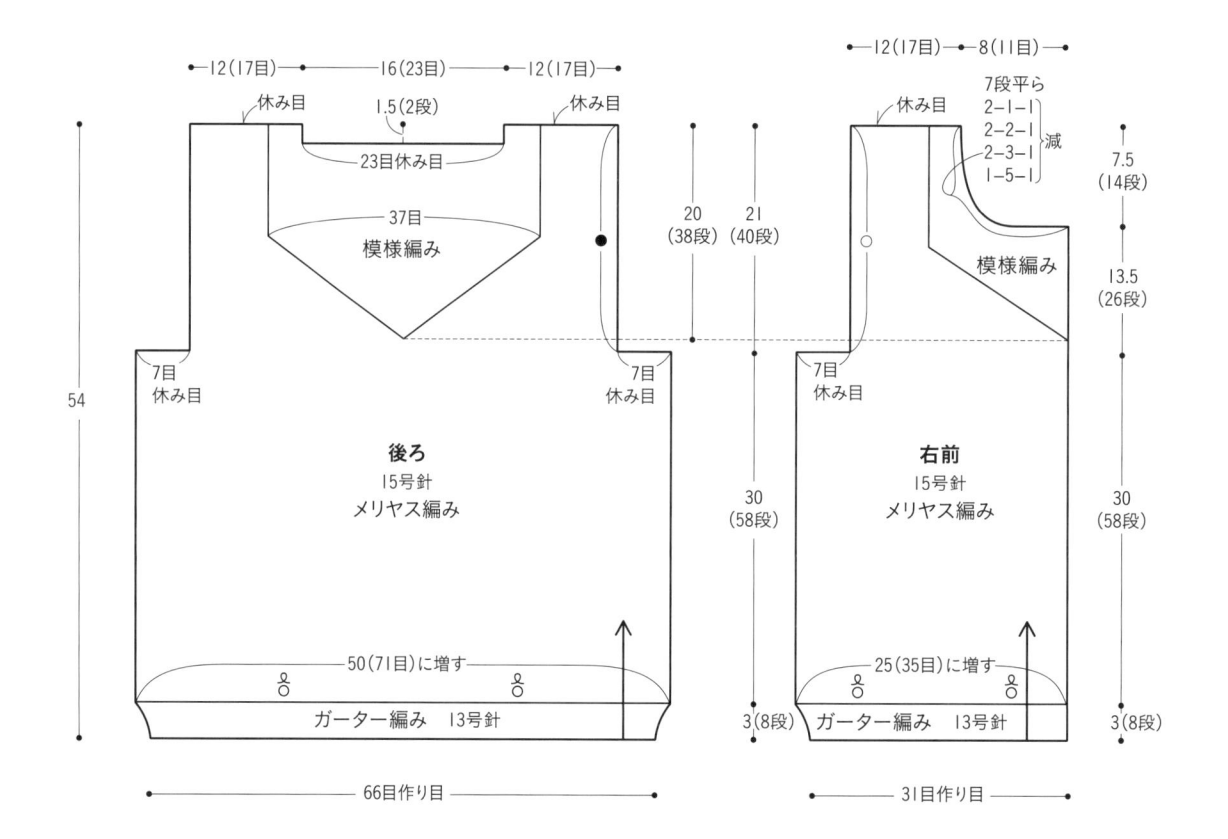

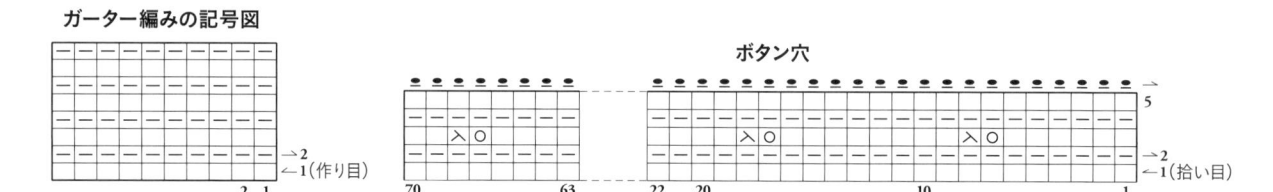

ガーター編みの記号図

ボタン穴

後ろの模様編みの記号図

右前の模様編みの記号図

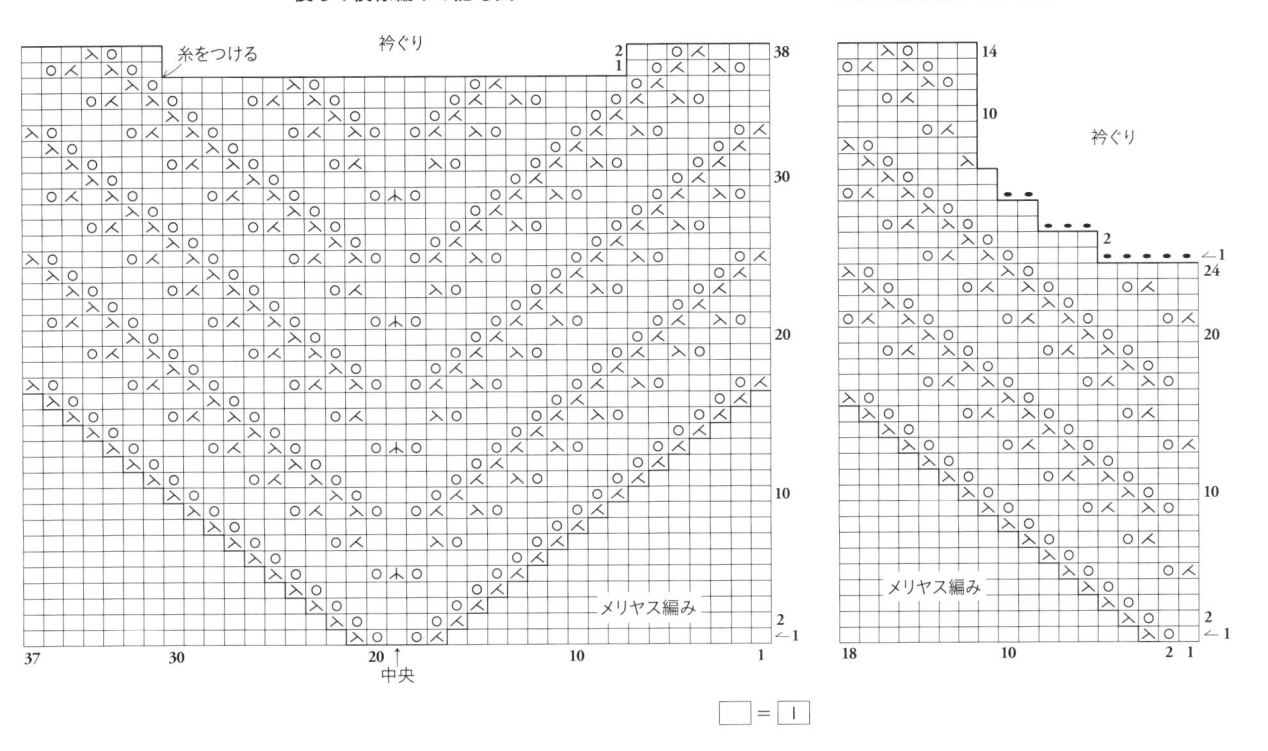

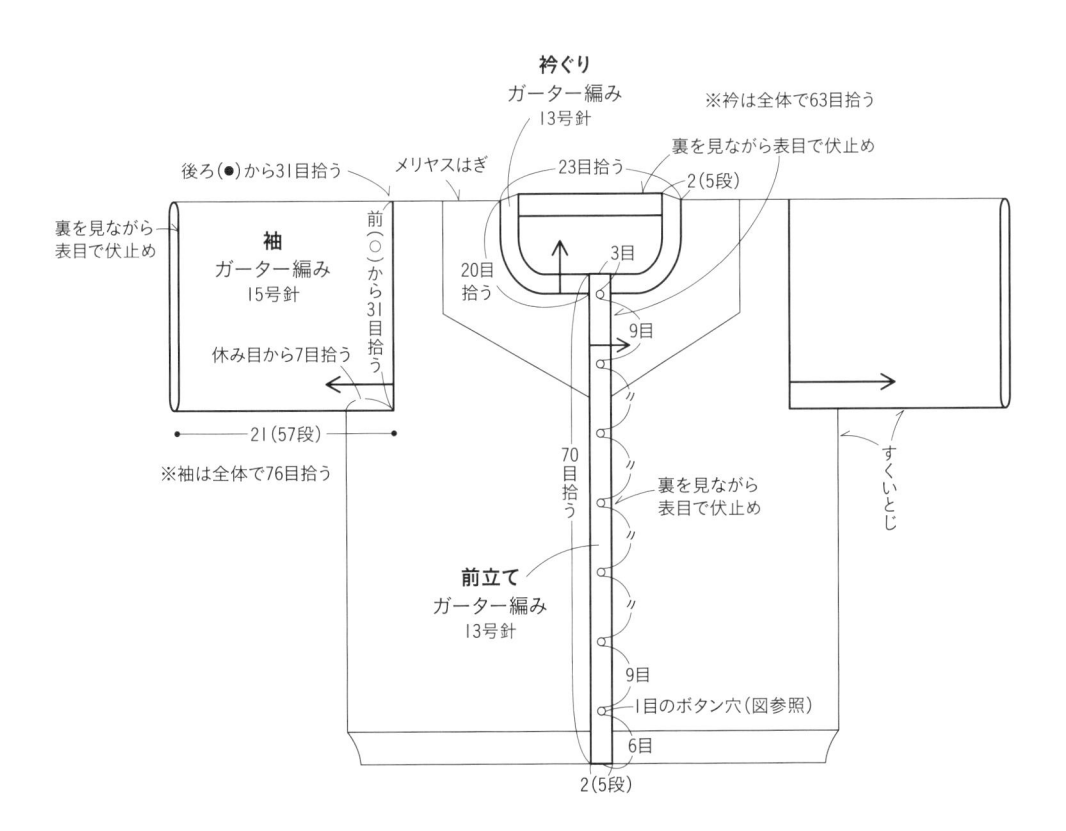

□ = |

page29 どうぶつミトン

[糸]　　　パピー シェットランド　生成り（50）50g、黒（32）30g
[用具]　　4号4本棒針
[ゲージ]　メリヤス編みの編込み模様　29目32段が10cm四方
[サイズ]　てのひら回り20.5cm、長さ25cm
[編み方]　糸は1本どりで編みます。

左手を編みます。指に糸をかける方法で48目作り目して輪にし、1目ゴム編みを編みます。60目に増し、メリヤス編みの編込み模様A、Bを編みますが、親指穴の下側は別糸を通して目を休め、上側の目を作ります（p.87参照）。指先を図のように減らし、残った4目に糸を通して絞ります。別糸を抜いて目を拾い、親指をメリヤス編みの編込み模様Cで編みます。右手は対称に編みます。

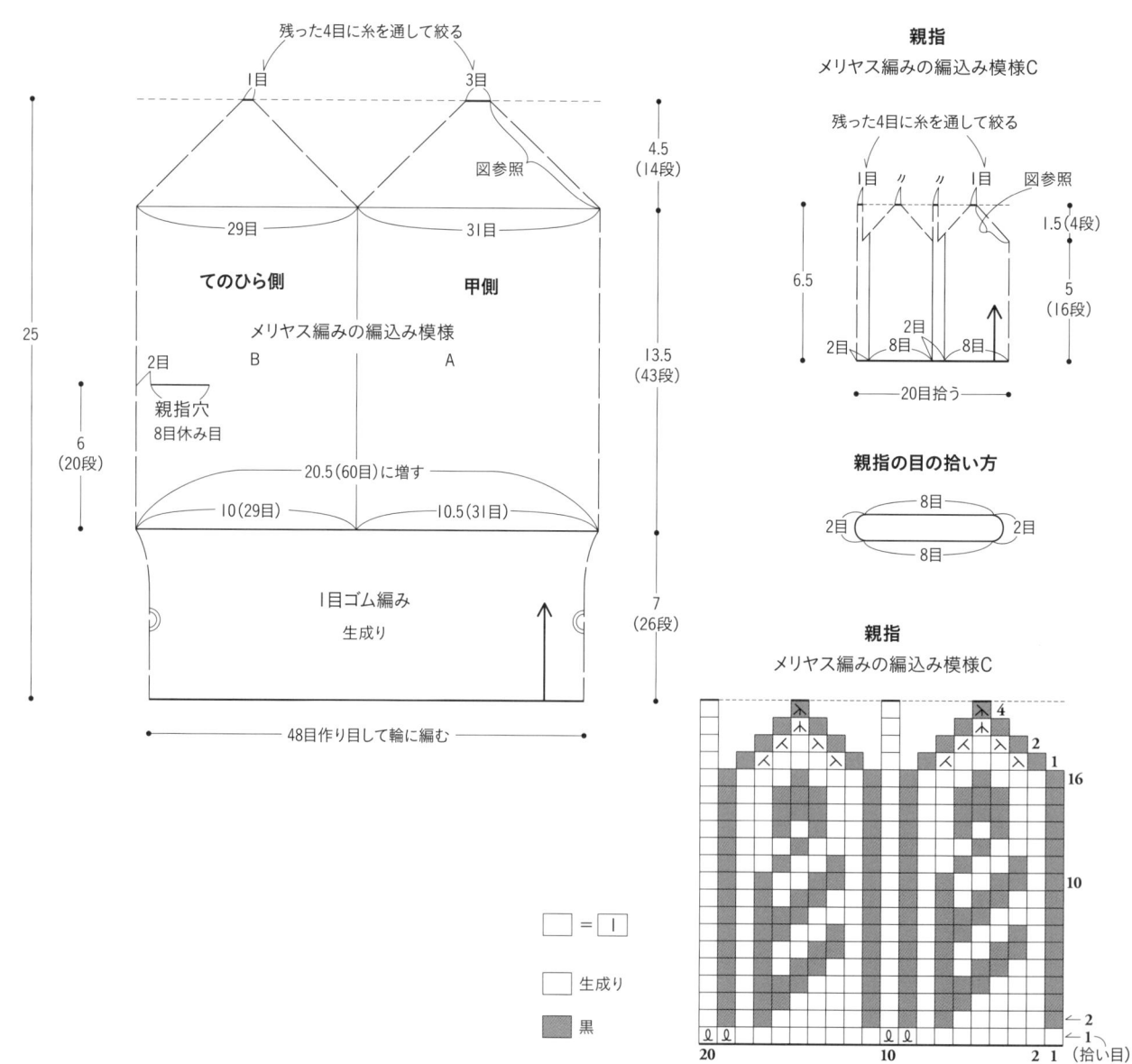

てのひら側　　　　　　　　　　甲側

メリヤス編みの編込み模様

一目ゴム編み

親指穴

目と目の間に渡った糸をねじって渡す

(作り目)

[裏に渡る糸が長くなるとき] 裏に糸が4～5目以上渡るときに、渡り糸をとめる方法です。

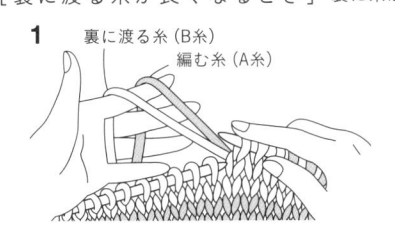

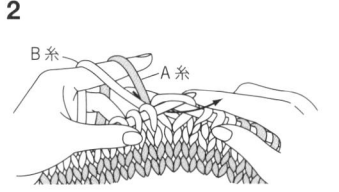

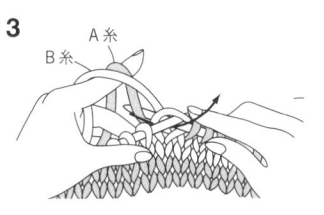

1
裏に渡る糸（B糸）
編む糸（A糸）

2
B糸　A糸
編む糸（A糸）を上にして編む

3
A糸
B糸
2～3目ごとに、裏に渡る糸（B糸）を上にしてA糸で編む

page20 ねじねじマフラー

[糸]　　　リッチモア カシミヤメリノ　紺(17) 200g
[用具]　　10mm2本棒針
[ゲージ]　模様編み　14.5目18段が10cm四方
[サイズ]　幅11cm、長さ180cm
[編み方]　糸は2本どりで編みます。

指に糸をかける方法で16目作り目し、模様編みを、伏止め分の糸を残して5玉編み切るまで(作品は325段)編みます。編終りは伏止めをします。

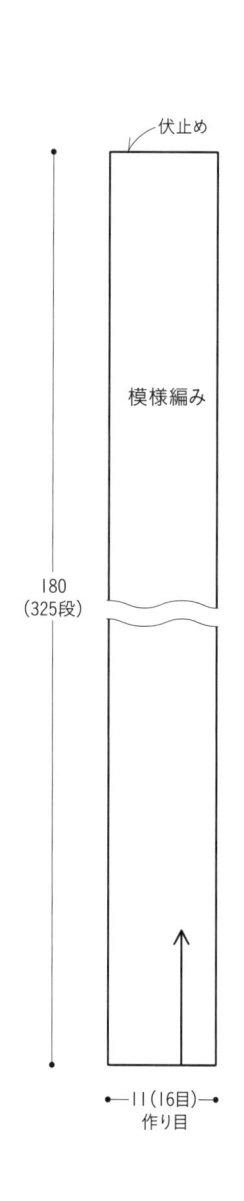

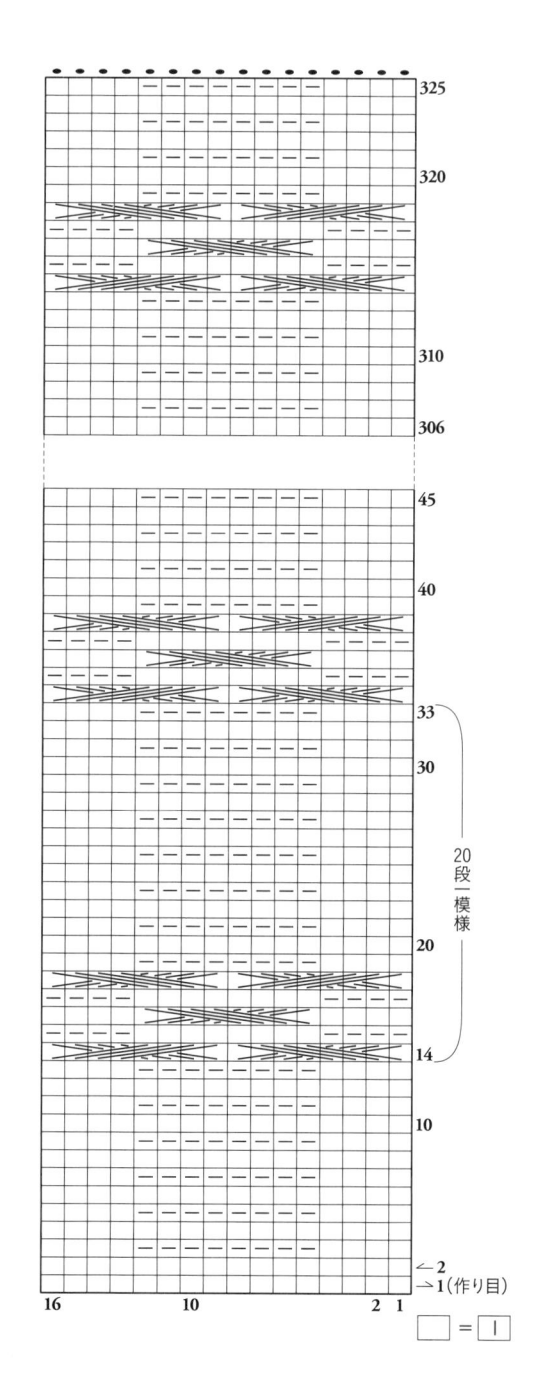

page30 きれいな色のモヘアのしましまセーター

[糸] パピー キッドモヘアファイン
　　　　ピンクベージュ（3）70g、グレー（15）55g、青緑（45）35g、濃ピンク（44）30g、ピンク（5）、クリーム色（6）各25g
[用具] 15号5本棒針、12号4本棒針
[ゲージ] メリヤス編みの縞模様　11目22段が10cm四方
[サイズ] 胸回り92cm、着丈（肩から）55.5cm、ゆき丈72.5cm
[編み方] 糸は4本どりで、指定の配色で編みます。編む順序を参照して①～⑥を編み、編み地の裏側を表に使います。

前後身頃（①、①'）は指に糸をかける方法で2目作り目し、15号針でメリヤス編みの縞模様を往復に編んで目を休めます。①、①'から続けて目を拾って②を輪に編みます。袖（③、④）も前後身頃と同じ要領で編みます。身頃と袖の8目休み目をメリヤスはぎします。15号針で身頃と袖から輪に目を拾ってヨーク（⑤）をメリヤス編みの縞模様で編み、12号針に替えて衿ぐり（⑥）を2目ゴム編みで編み、編終りは前段と同じ記号で伏止めをします。編み地を裏返し、裾（⑦）に2目ゴム編みの縞模様、袖口（⑧）に2目ゴム編みを輪に編み、編終りは前段と同じ記号で伏止めをします。

編む順序

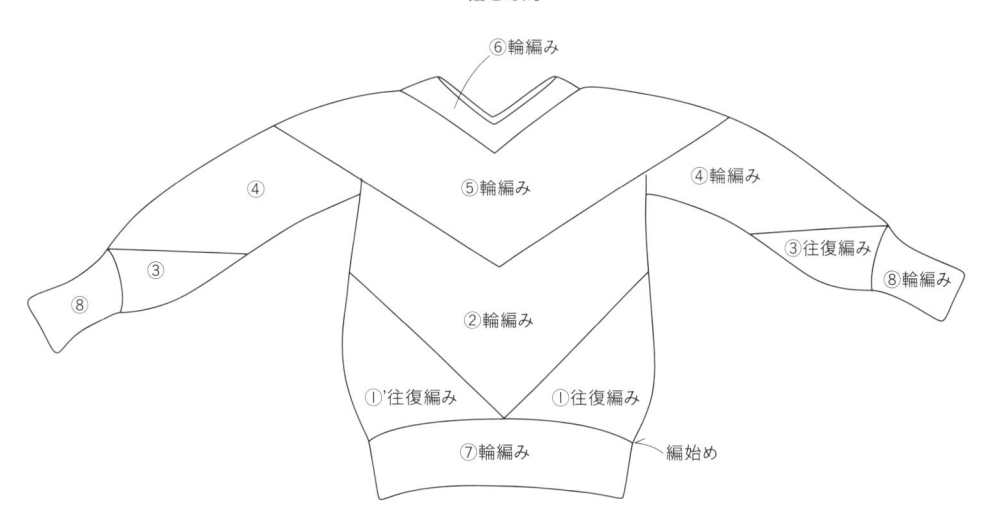

後ろ・前（①、①'、②）
メリヤス編みの縞模様
15号針

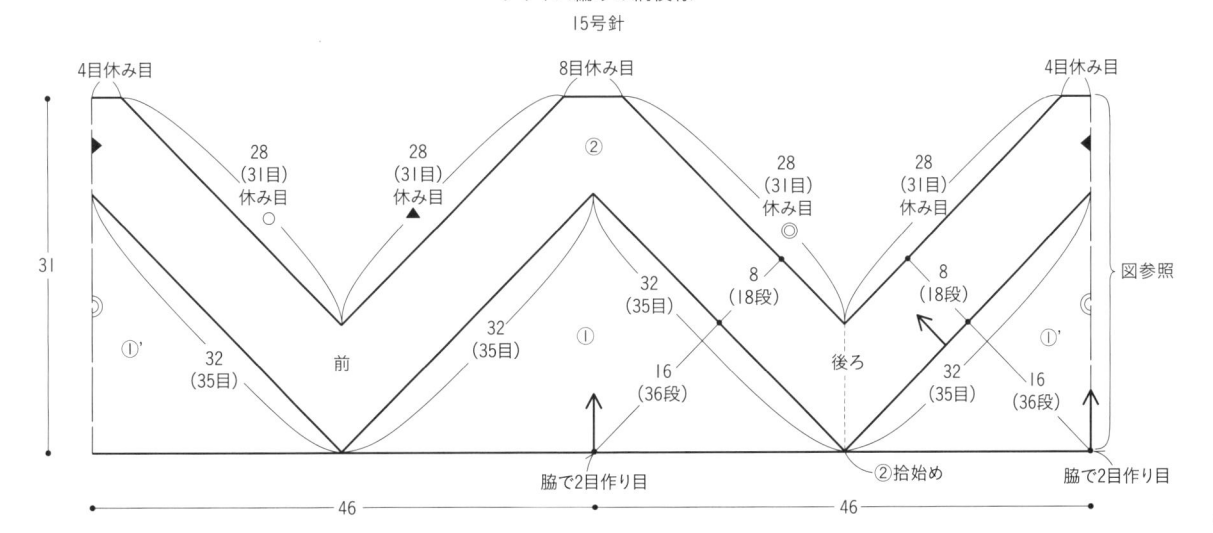

袖(③、④)
メリヤス編みの縞模様
15号針

- 8目休み目
- 20 (22目) 休み目 (●)
- 20 (22目) 休み目 (☆)
- 36.5
- 17 (38段)
- ④
- 図参照
- 20.5 (23目)
- 20.5 (23目)
- 11 (24段)
- ③
- 袖下で2目作り目
- ④拾い始め
- 32

ヨーク・衿ぐり(⑤、⑥)
2目ゴム編み
ピンクベージュ 12号針

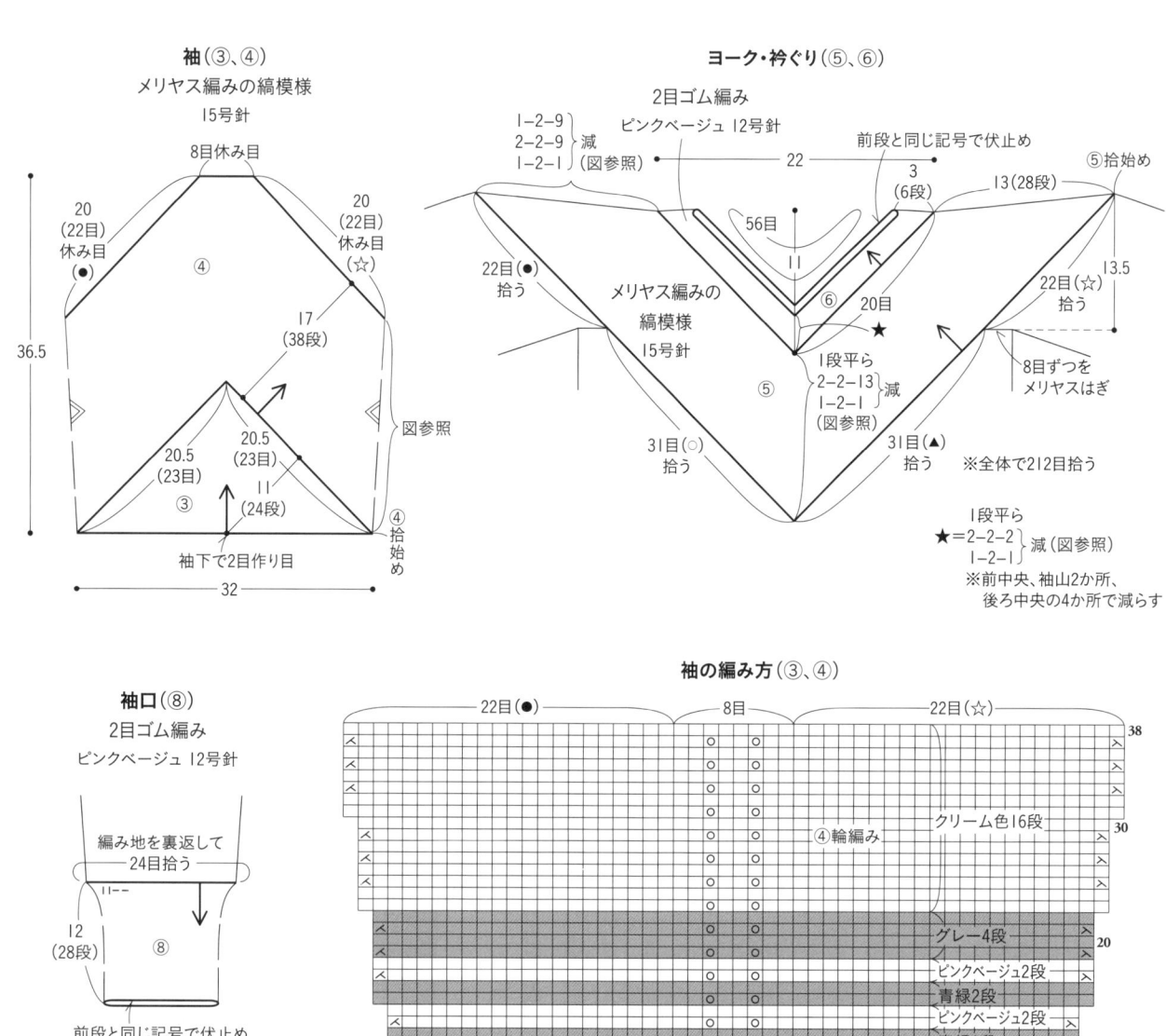

- 1-2-9
- 2-2-9
- 1-2-1 減 (図参照)
- 22
- 3 (6段)
- 前段と同じ記号で伏止め
- 13 (28段)
- 56目
- ⑤拾始め
- 22目(●) 拾う
- メリヤス編みの縞模様 15号針
- ⑥
- 20目
- ★
- 22目(☆) 拾う
- 13.5
- 8目ずつを メリヤスはぎ
- 31目(○) 拾う
- 1段平ら
- 2-2-13
- 1-2-1 減 (図参照)
- 31目(▲) 拾う
- ※全体で212目拾う
- 1段平ら
- ★= 2-2-2
- 1-2-1 減 (図参照)
- ※前中央、袖山2か所、後ろ中央の4か所で減らす

袖口(⑧)
2目ゴム編み
ピンクベージュ 12号針

- 編み地を裏返して24目拾う
- 12 (28段)
- ⑧
- 前段と同じ記号で伏止め

袖の編み方(③、④)

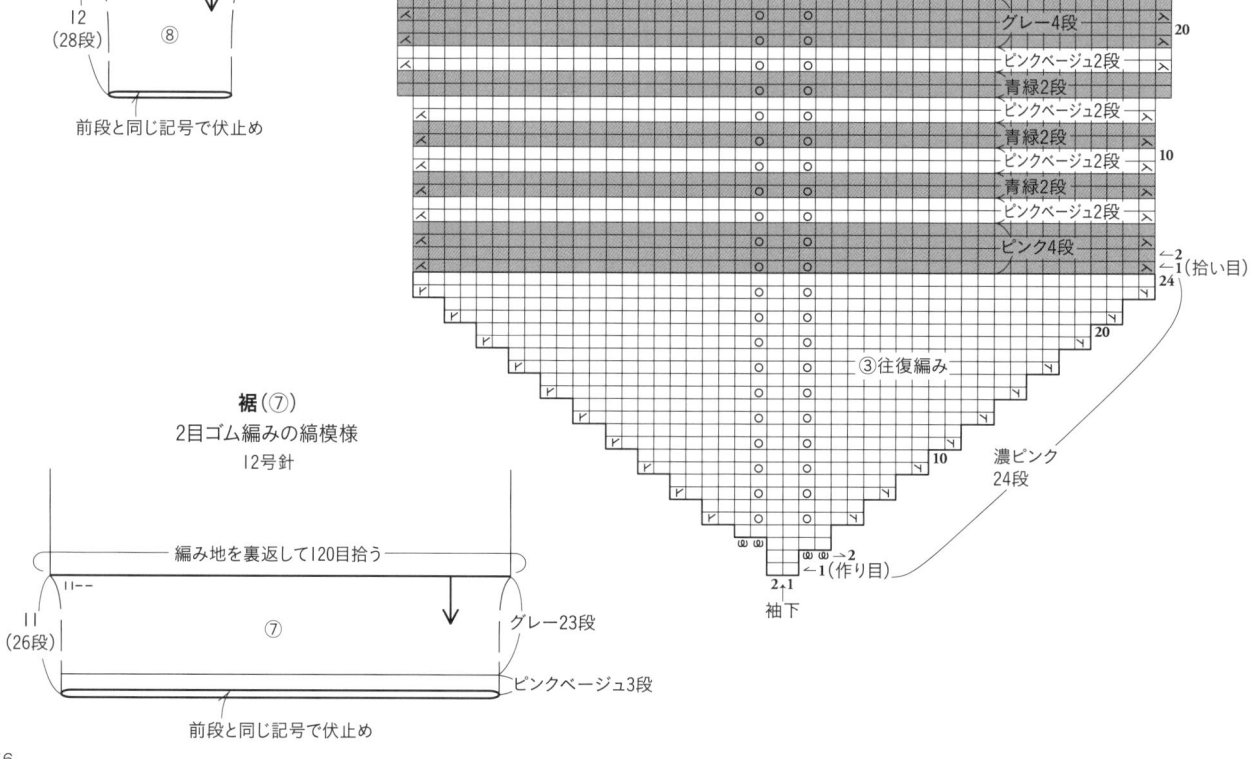

- 22目(●)
- 8目
- 22目(☆)
- 38
- ④輪編み
- クリーム色16段
- 30
- グレー4段
- 20
- ピンクベージュ2段
- 青緑2段
- ピンクベージュ2段
- 青緑2段
- 10
- ピンクベージュ2段
- 青緑2段
- ピンクベージュ2段
- ピンク4段
- ←2
- ←1 (拾い目)
- 24
- 20
- ③往復編み
- 10
- 濃ピンク 24段
- 2↑1 (作り目)
- 袖下

裾(⑦)
2目ゴム編みの縞模様
12号針

- 編み地を裏返して120目拾う
- 11 (26段)
- ⑦
- グレー23段
- ピンクベージュ3段
- 前段と同じ記号で伏止め

ヨーク・衿ぐりの編み方 (5、6)

後ろ・前の編み方 (①、②)

page 31,20 穴あきモヘアキャップ

p.20をA、p.31をBとします。
[糸]　　　パピー キッドモヘアファイン
　　　　　A ピンクベージュ（3）55g　B ピンクベージュ（3）25g、ワインレッド（20）、えんじ色（21）各15g
[用具]　　10mm4本棒針
[ゲージ]　模様編み　8目19.5段が10cm四方
[サイズ]　頭回り45cm、深さ25cm
[編み方]　糸は、Aは7本どり、Bはピンクベージュ3本、ワインレッドとえんじ色各2本の合計7本どりで編みます。
指に糸をかける方法で36目作り目して輪にし、模様編みを編みます。トップは図のように減らします。残った4目に糸を通して絞ります。

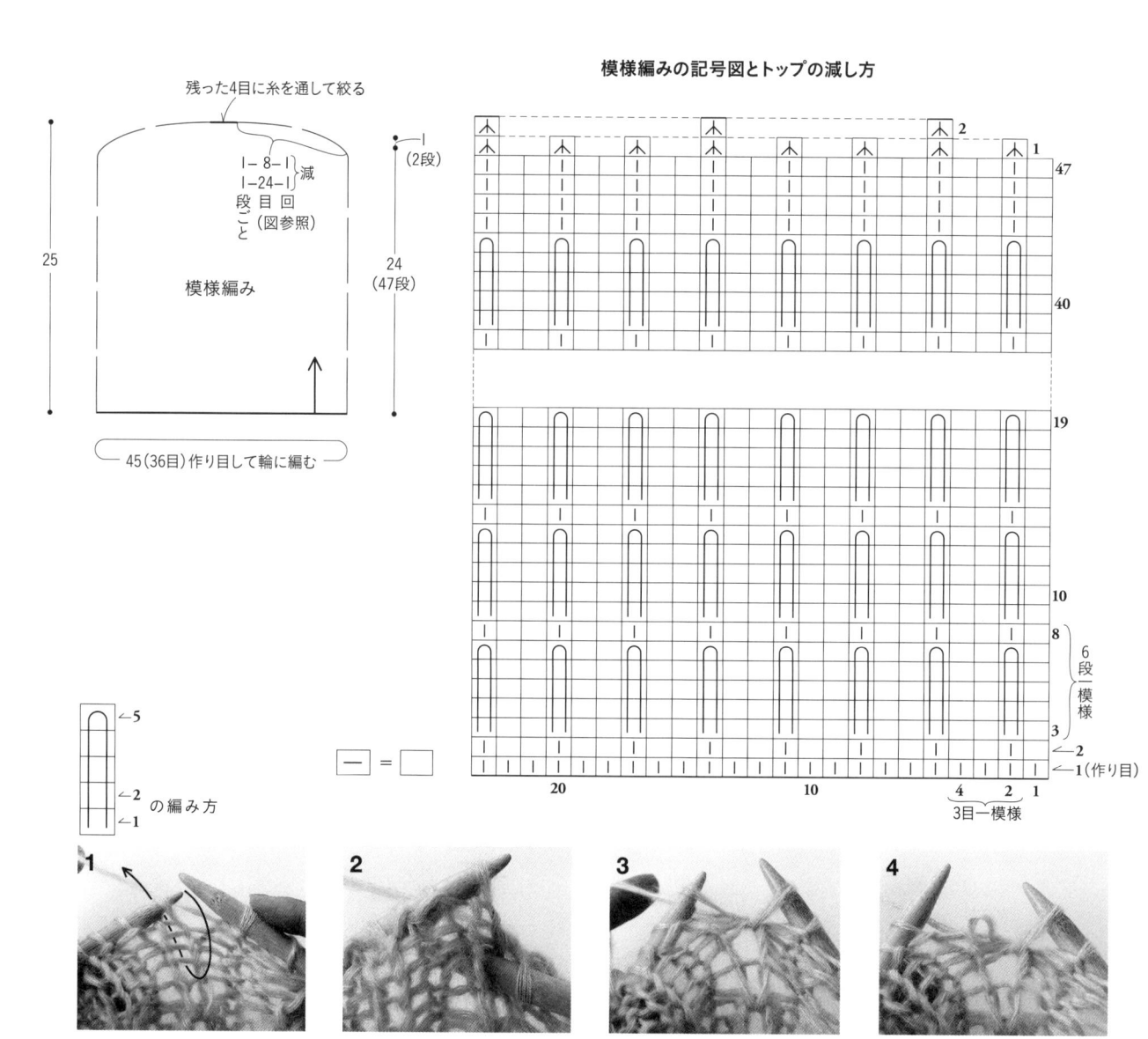

模様編みの記号図とトップの減し方

1～4段めはメリヤス編みを編む。5段めは、4段下の目に針を入れる。

表目を編む。

4段下の目に表目を編んだところ。左針にかかっている糸をはずす。

4段分がほどけて、大きな穴があく。

page32 アンゴラのレーストップ

- [糸] リッチモア アンゴラエイティー グレー(4) 220g
- [用具] 12号、10号2本棒針、10号輪針(80cm)、7/0号かぎ針 ※輪針で往復編みをする
- [その他] 直径1.8cmのボタン 1個
- [ゲージ] 模様編み 19目23段が10cm四方
- [サイズ] 胸回り108cm、着丈44cm、ゆき丈62cm
- [編み方] 糸は1本どりで編みます。

左右身頃は指に糸をかける方法で51目作り目し、12号針で模様編みを増減なく編みます。袖は同様に作り目し、12号針で模様編みを編みます。10号2本針に替えて37目に減らし、ガーター編みを編みます。背中心をすくいとじします。身頃に引抜き編みで袖をつけ、袖下と脇を続けてすくいとじします。裾は10号輪針に替えて、ボタン穴をあけながらガーター編みを編みます。前立ては裾と身頃から目を拾ってメリヤス編みを編みます。7/0号かぎ針で肩に伸止めのための引抜き編みを編みます。ボタンをつけます。

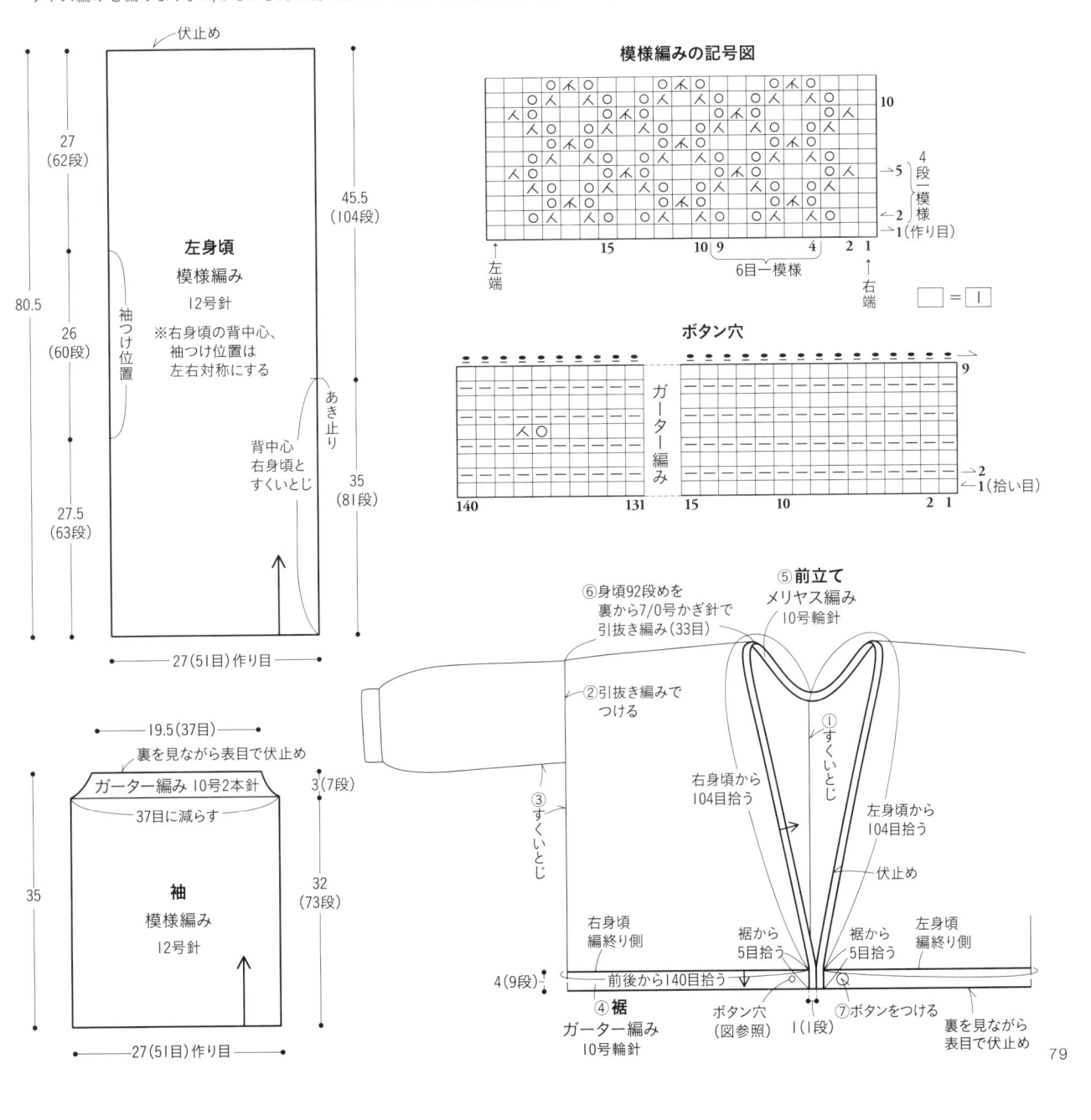

page33,22 刺繡のポシェット

p.33をA、p.22をBとします。
[糸]　　パピー ブリティッシュエロイカ　A 紺（102）50g　B オフホワイト（125）50g
[用具]　6号2本棒針　刺繡針
[その他]　アップルトン クルウェルウール（刺繡用）
A ミントグリーン（432）、茶色（478）、オレンジ色（444）、ブルー（822）、オフホワイト（991）、レモン色（997）各少々
B グリーン（435）、朱赤（501A）、ブルーグレー（562）、赤茶（726）、からし色（844）、青紫（896）、オフホワイト（991）各少々
木綿布（中袋用）43×16.5cm
[ゲージ]　メリヤス編み　19.5目27段が10cm四方
[サイズ]　幅14.5cm、長さ18cm、ひもの長さ A 96cm　B 91cm
[編み方]　糸は1本どりで編みます。
外袋は指に糸をかける方法で30目作り目し、メリヤス編みを編みます。ひもは同様に4目作り目して輪に編んで伏止めし、中に糸を詰めます。
前側に刺繡をし、両脇をすくいとじにします。中袋の両脇を縫い、ひもを縫いつけます。外袋の見返しを折り、中袋を入れ、入れ口をまつります。

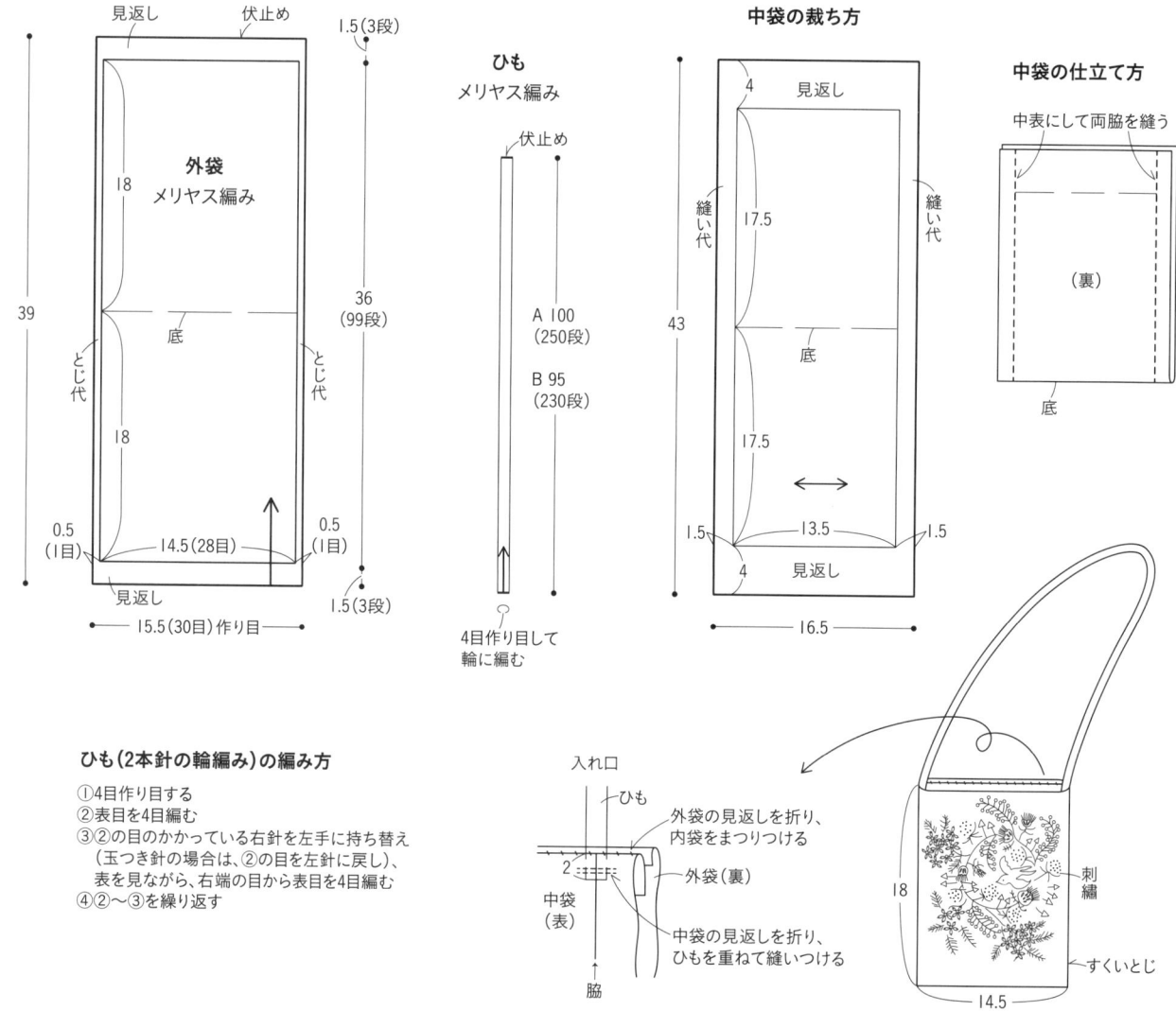

ひも（2本針の輪編み）の編み方
①4目作り目する
②表目を4目編む
③②の目のかかっている右針を左手に持ち替え
　（玉つき針の場合は、②の目を左針に戻し）、
　表を見ながら、右端の目から表目を4目編む
④②〜③を繰り返す

実物大刺繍図案

- 指定以外はA、〈　〉内はB
- フレンチノットは2本どり、それ以外は1本どり
- S=ステッチの略

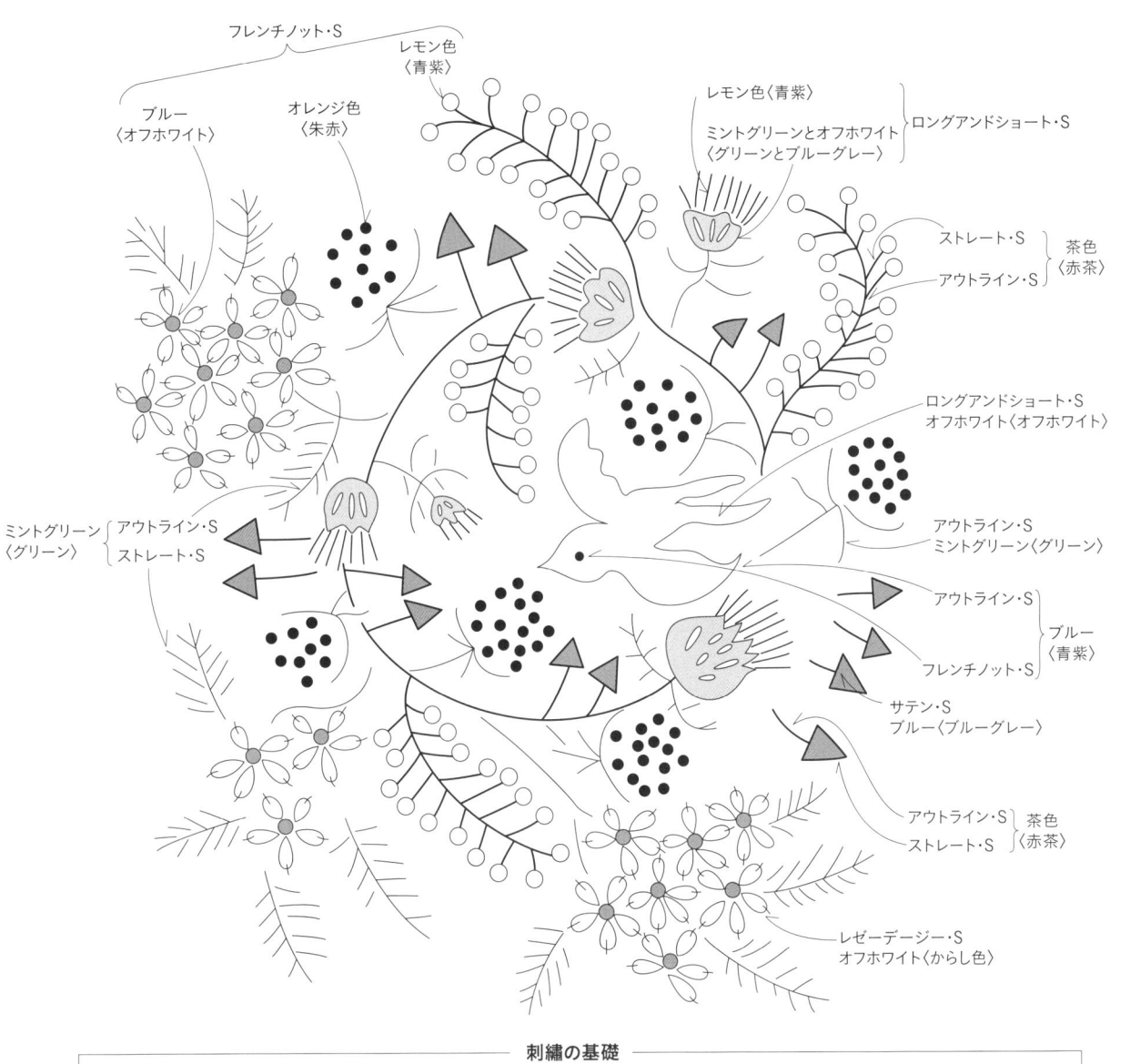

フレンチノット・S
- ブルー〈オフホワイト〉
- オレンジ色〈朱赤〉
- レモン色〈青紫〉

レモン色〈青紫〉
ミントグリーンとオフホワイト〈グリーンとブルーグレー〉　ロングアンドショート・S

ストレート・S　茶色
アウトライン・S　〈赤茶〉

ロングアンドショート・S
オフホワイト〈オフホワイト〉

ミントグリーン〈グリーン〉
- アウトライン・S
- ストレート・S

アウトライン・S
ミントグリーン〈グリーン〉

アウトライン・S
フレンチノット・S　ブルー〈青紫〉

サテン・S
ブルー〈ブルーグレー〉

アウトライン・S　茶色
ストレート・S　〈赤茶〉

レゼーデージー・S
オフホワイト〈からし色〉

刺繍の基礎

ニットに刺繍をする場合

1. 柔らかい薄紙に図案を写します。
2. 薄紙をしつけ糸でニットに固定し、紙の上から針を刺して刺繍をします。
3. 刺し終わったら、残った紙を取り除きます。
薄紙は、ピーシングペーパー(裏面に接着剤がついている紙)でも代用できます。

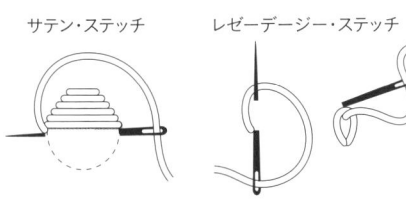

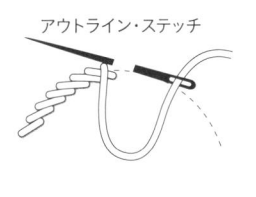

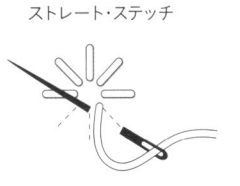

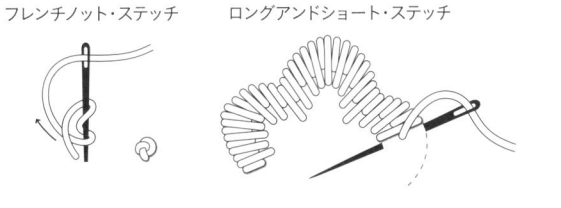

アウトライン・ステッチ

ストレート・ステッチ

サテン・ステッチ

レゼーデージー・ステッチ

フレンチノット・ステッチ

ロングアンドショート・ステッチ

編み物の基礎

[製図の見方]

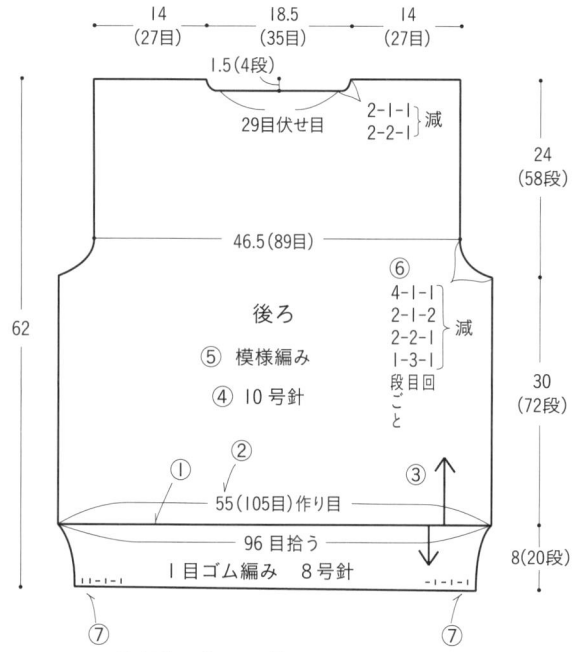

[記号の見方]

計算
4-1-1
2-1-2
2-2-1 減
1-3-1
段目回
ごと

記号図で表わした場合

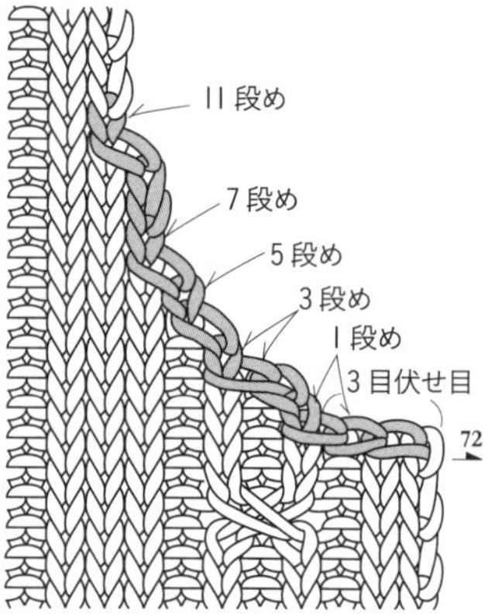

増す場合は減し方と同じ要領で
減し目を増し目に変えます。

① 編始め位置　⑤ 編み地
② 寸法（cm）　⑥ 計算
③ 編む方向　　⑦ ゴム編みの端目の記号
④ 使う針

「端2目立てて減らす」とは
「目を立てる」とは編み目をくずさずに通すことを意味し、ラグラン線の減し目などによく使われます。「端2目立てて減らす」という場合は端から2目めが3目めの上になるように2目一度をします。

記号図で表わした場合

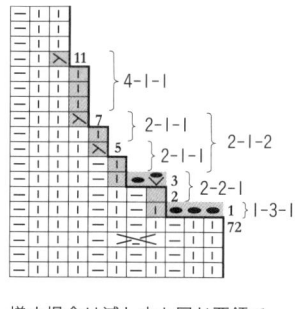

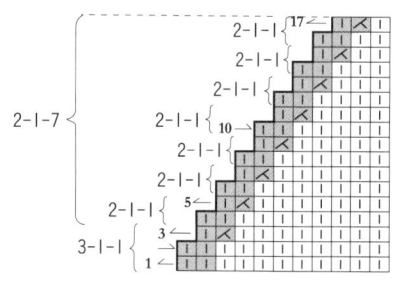

編み地

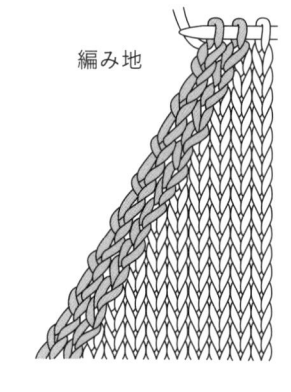

記号図は編み地の表側から見たもので、例外を除き、後ろ身頃の右端の1段めから書かれていて、左端は身頃の左端の編み目になります。
1段めに矢印「→」があるときは、1段めを左側（裏側）から編みます。
途中に「前脇 ←」などの指定があるときは、指定（前身頃）の右端をその位置から編み始めるという意味です。

[模様編み記号図の見方]

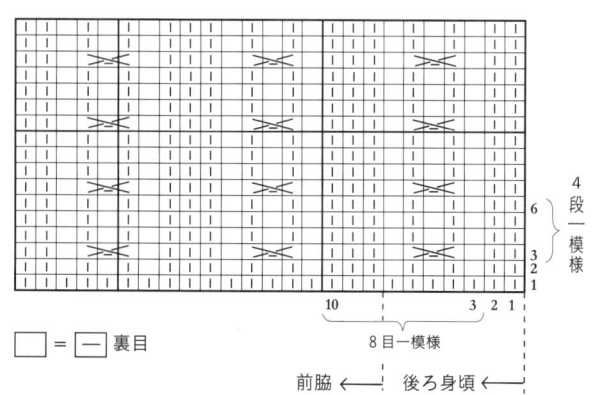

□ = − 裏目

前脇 ← 後ろ身頃 ←

[指に糸をかけて目を作る方法] いろいろな編み地に適し、初心者にも作りやすい方法です。

1
編み幅の約3倍の長さにする

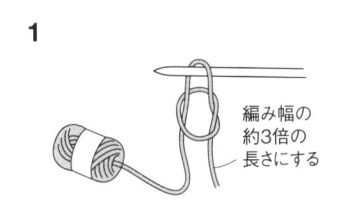

糸端から編み幅の約3倍の長さのところで輪を作り、棒針を輪の中に通す

2
人さし指にかける
親指にかける

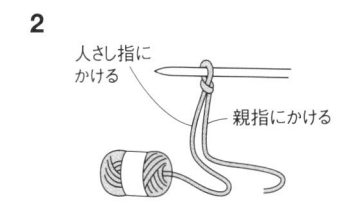

輪を引き締める。1目めのでき上り

3

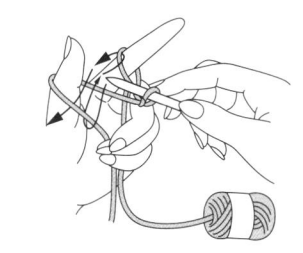

糸端側を左手の親指に、糸玉側を人さし指にかけ、人さし指にかかっている糸を矢印のようにすくう

4

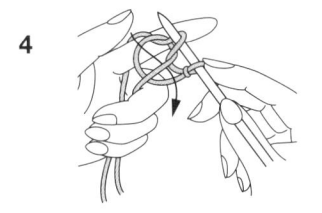

親指の糸を外し、手前の糸を矢印の方向に引き締める

5

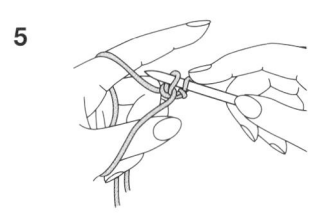

引き締めたところ。3〜5を繰り返し、必要目数作る

6

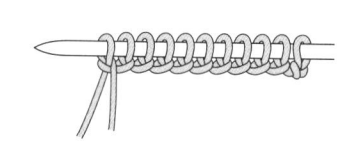

でき上り。1段めと数える。この棒針を左手に持ち替えて2段めを編む

[針にかかった目から編み出す方法] 著者が使用している方法です。作り目が薄く仕上がります。

1 
左針に1目めを指で作る

2 
1目めに右の針を入れ、糸をかける

3 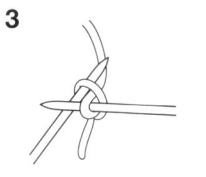
引き出す

4 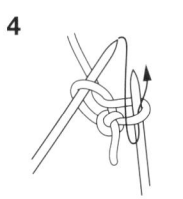
引き出した目を左の針に移す。右針は抜かないでおく

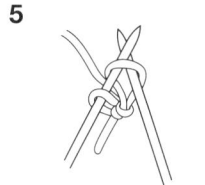

5
移した目が2目めとなる

6 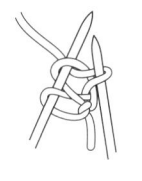
2〜4と同様に糸をかけて引き出し、左針に移す

7 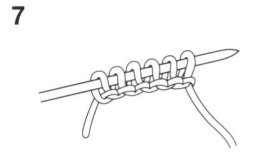
必要目数作る。表目1段と数える

[目の止め方]

伏止め（表目） ●

1 端の2目を表編みし、1目めを2目めにかぶせる

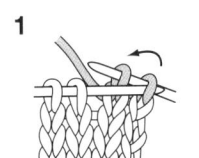

2 表編みし、かぶせることを繰り返す

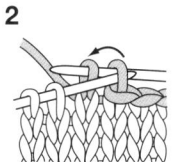

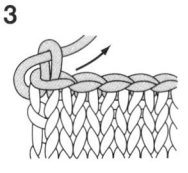

3 最後の目は、引き抜いて糸を締める

伏止め（裏目） ●

1 端の2目を裏編みし、1目めを2目めにかぶせる

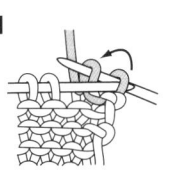

2 裏編みし、かぶせることを繰り返す

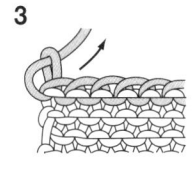

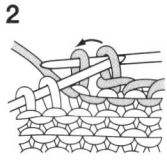

3 最後の目は、引き抜いて糸を締める

[編み目記号] 編み目記号は編み地の表側から見た、操作記号です。
例外（かけ目・巻き目・引上げ目・すべり目・浮き目）を除き1段下にその編み目ができます。

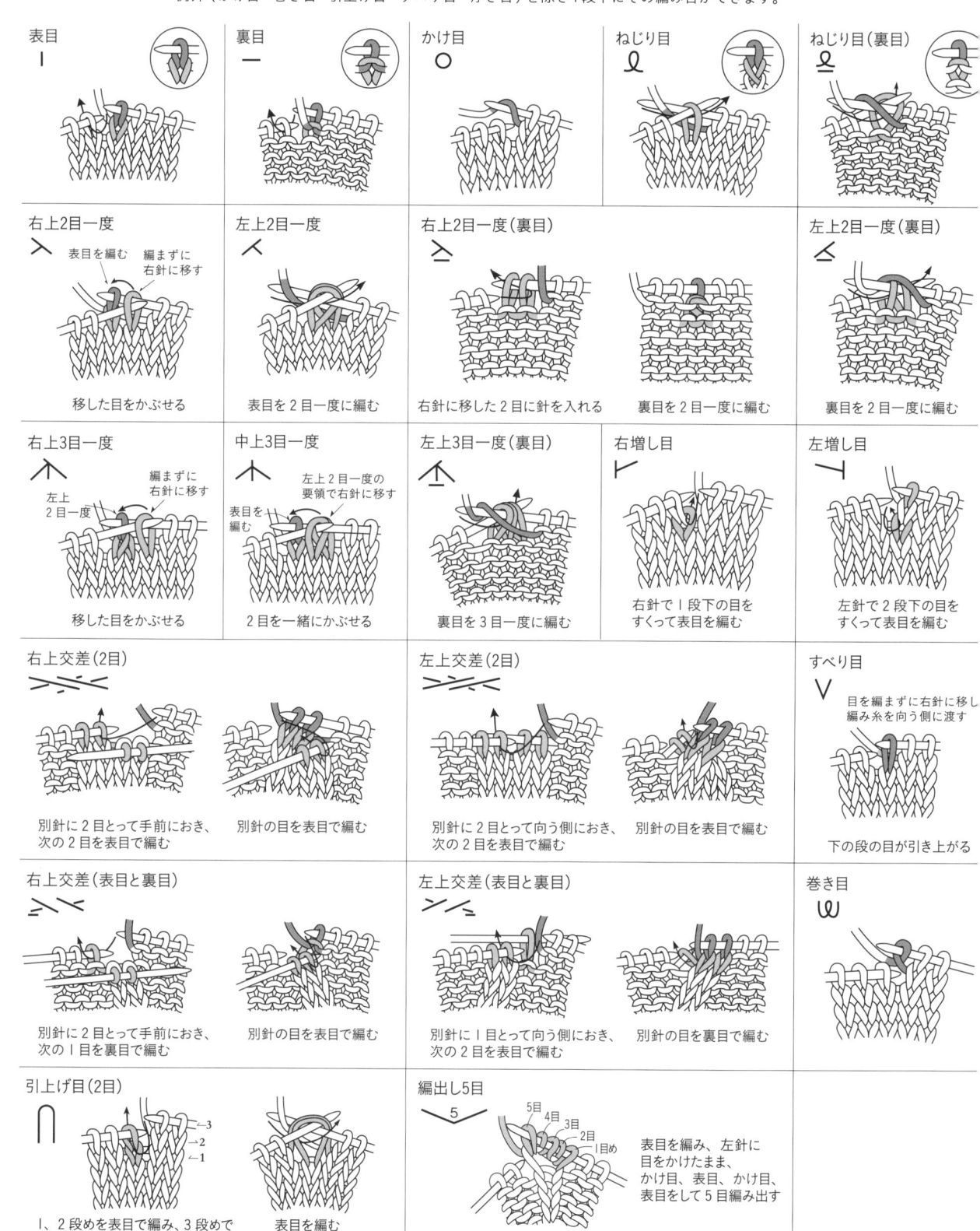

表目 $\vert$	裏目 —	かけ目 ○	ねじり目 Q	ねじり目（裏目）Q

右上2目一度	左上2目一度	右上2目一度（裏目）		左上2目一度（裏目）
表目を編む／編まずに右針に移す／移した目をかぶせる	表目を2目一度に編む	右針に移した2目に針を入れる	裏目を2目一度に編む	裏目を2目一度に編む

右上3目一度	中上3目一度	左上3目一度（裏目）	右増し目	左増し目
左上2目一度／編まずに右針に移す／移した目をかぶせる	左上2目一度の要領で右針に移す／表目を編む／2目を一緒にかぶせる	裏目を3目一度に編む	右針で1段下の目をすくって表目を編む	左針で2段下の目をすくって表目を編む

右上交差（2目）		左上交差（2目）		すべり目 V
別針に2目とって手前におき、次の2目を表目で編む	別針の目を表目で編む	別針に2目とって向う側におき、次の2目を表目で編む	別針の目を表目で編む	目を編まずに右針に移し編み糸を向う側に渡す／下の段の目が引き上がる

右上交差（表目と裏目）		左上交差（表目と裏目）		巻き目 W
別針に2目とって手前におき、次の1目を裏目で編む	別針の目を表目で編む	別針に1目とって向う側におき、次の2目を表目で編む	別針の目を裏目で編む	

引上げ目（2目）		編出し5目
1、2段めを表目で編み、3段めで1段めの目に針を入れてほどく	表目を編む	表目を編み、左針に目をかけたまま、かけ目、表目、かけ目、表目をして5目編み出す

[編込み模様の糸の替え方]

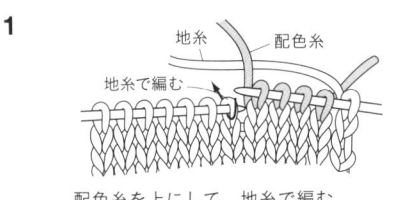

1 地糸　配色糸
地糸で編む
配色糸を上にして、地糸で編む

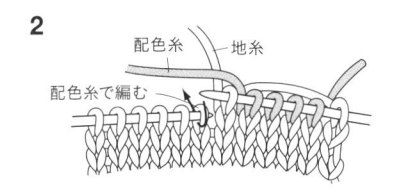

2 配色糸　地糸
配色糸で編む
配色糸を地糸の上にして替える

[1目内側でねじり目で増す方法] 目と目の間の糸をねじって増します。

右側の場合

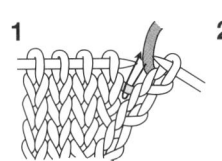

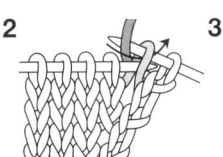

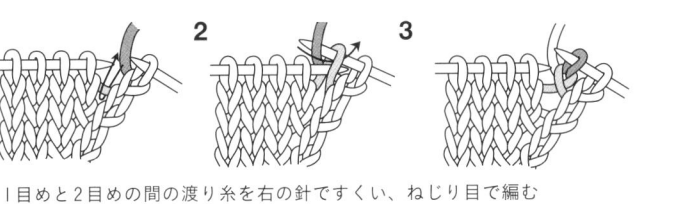

1　**2**　**3**

1目めと2目めの間の渡り糸を右の針ですくい、ねじり目で編む
※左側の場合も同様に編みます。

セーターの裾や袖口のゴム編みとの境目で増し目をするときも同じ方法で増します。

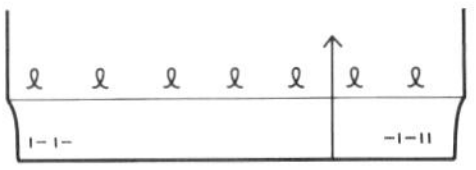

[端で2目以上減らす方法]

右側

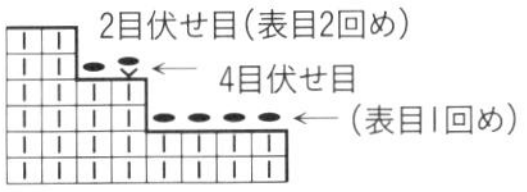

2目伏せ目(表目2回め)
4目伏せ目
←(表目1回め)

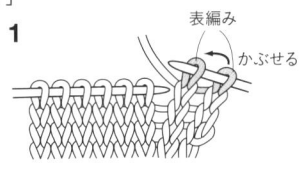

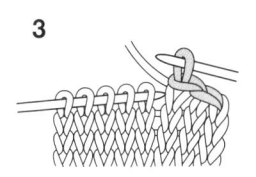

1 表編み　かぶせる

2 表編みをする　かぶせる

3

1回めは編み端に角をつけるために、始めの1目も表編みして、2目めにかぶせる

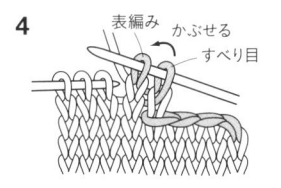

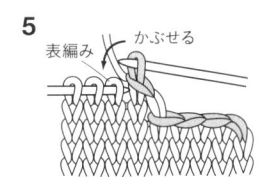

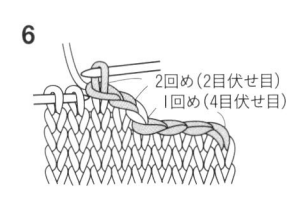

4 表編み　かぶせる　すべり目

5 表編み　かぶせる

6 2回め(2目伏せ目)
1回め(4目伏せ目)

2回め以降は編み地をなだらかにするために、始めの1目は編まずにすべり目して
次の目は表編みし、すべり目を表編みした目にかぶせる

左側

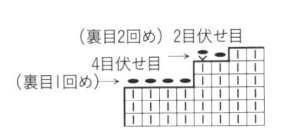

(裏目2回め) 2目伏せ目
4目伏せ目
(裏目1回め)→

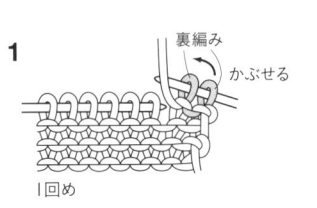

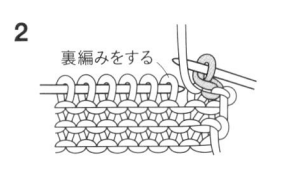

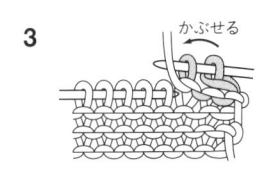

1 裏編み　かぶせる
1回め

2 裏編みをする

3 かぶせる

4 裏編み　かぶせる　すべり目

5 裏編み　かぶせる

6 2回め(2目伏せ目)
1回め(4目伏せ目)

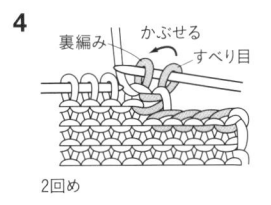

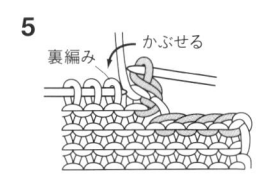

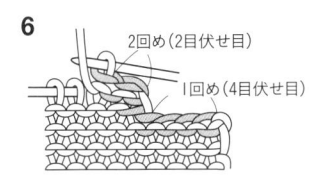

2回め

［引返し編み (2段ごとに編み残す引返し編み)］

引返し編みは編終り側で操作を始めるので、左右で1段ずれます。
編始めは引返し編みに入る1段手前から編み残すようにすると、整図上の段差が少なくて済みます。

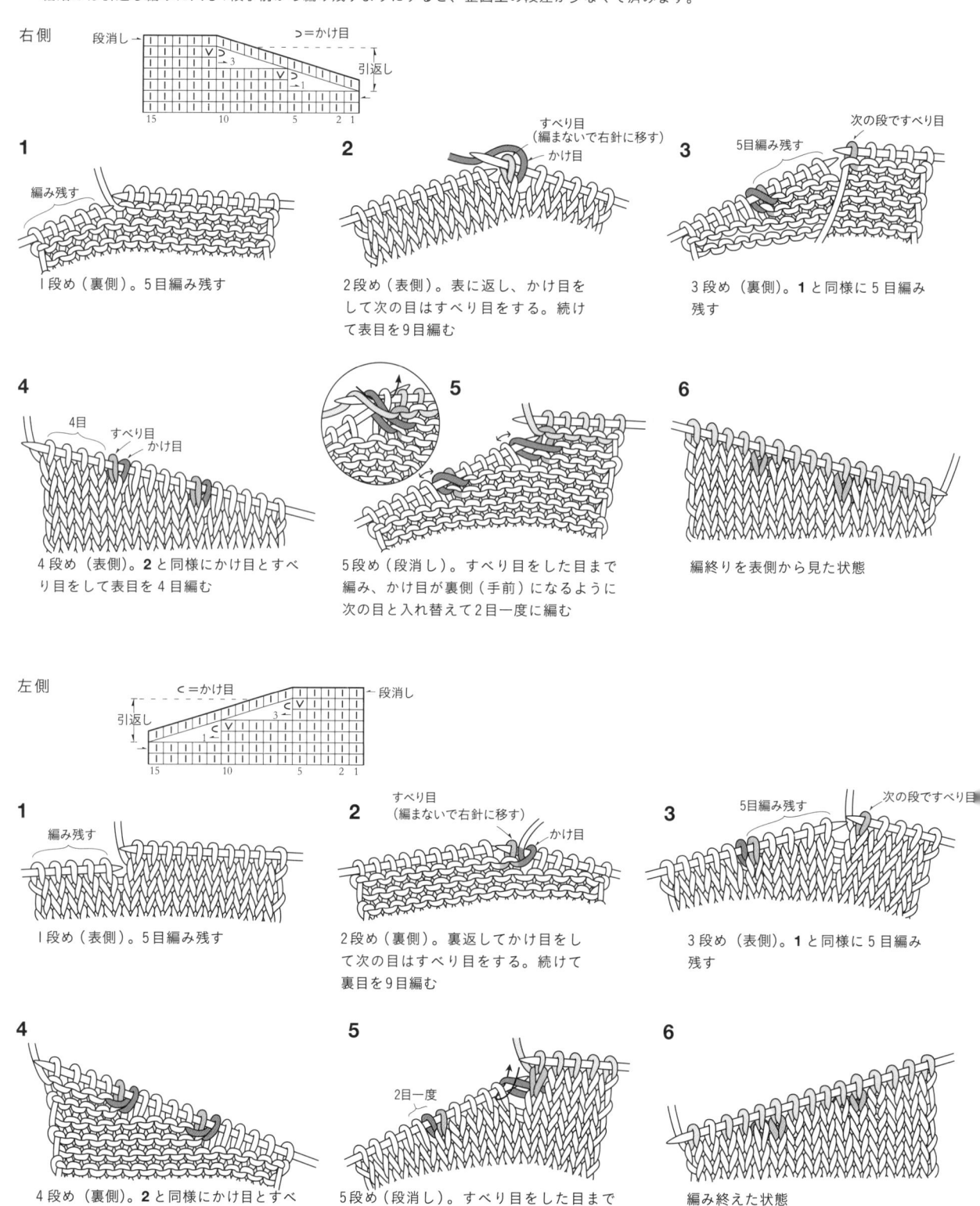

右側

1
1段め（裏側）。5目編み残す

2
2段め（表側）。表に返し、かけ目をして次の目はすべり目をする。続けて表目を9目編む

3
3段め（裏側）。**1**と同様に5目編み残す

4
4段め（表側）。**2**と同様にかけ目とすべり目をして表目を4目編む

5
5段め（段消し）。すべり目をした目まで編み、かけ目が裏側（手前）になるように次の目と入れ替えて2目一度に編む

6
編終りを表側から見た状態

左側

1
1段め（表側）。5目編み残す

2
2段め（裏側）。裏返してかけ目をして次の目はすべり目をする。続けて裏目を9目編む

3
3段め（表側）。**1**と同様に5目編み残す

4
4段め（裏側）。**2**と同様にかけ目とすべり目をして裏目を4目編む

5
5段め（段消し）。すべり目をした目まで編み、かけ目と次の目を2目一度に編む

6
編み終えた状態

[はぎ方・とじ方]

引抜きはぎ

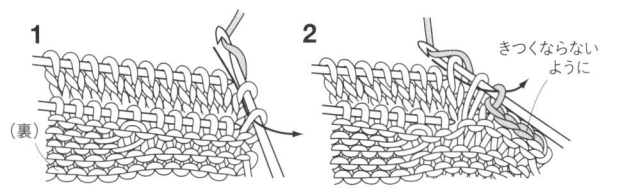

1　2
きつくならないように
(裏)

肩はぎでよく使う方法。編み地を中表にして持ち、かぎ針で前後の1目ずつとって引き抜く

メリヤスはぎ

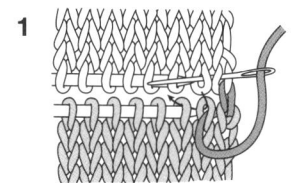

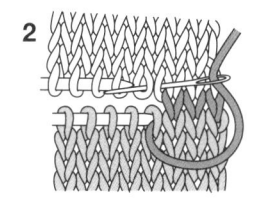

1　2

メリヤス目を作りながらはぎ合わせていく方法。表を見ながら右から左へはぎ進む。下はハの字に、上は逆ハの字に目をすくっていく

目と段のはぎ方

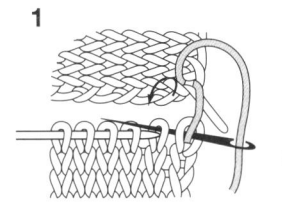

1　2

上の段は端の目と2目めの間の横糸をすくい、下の段はメリヤスはぎの要領で針を入れていく

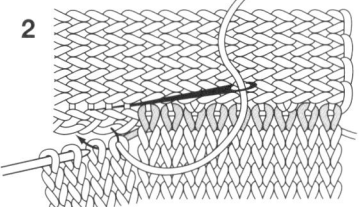

はぎ合わせる目数より段数が多い場合は、ところどころで1目に対して2段すくい、平均にはぐ

すくいとじ

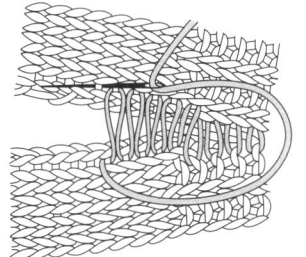

1目めと2目めの間の渡り糸を1段ずつ交互にすくう

引抜きとじ

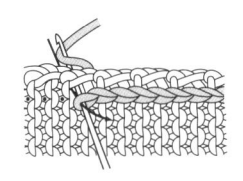

1目めと2目めの間を1段ずつ引き抜く

[ポンポンの作り方]

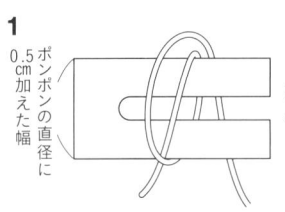

1
0.5cm加えた幅
ポンポンの直径に

厚紙に糸を指定回数巻く

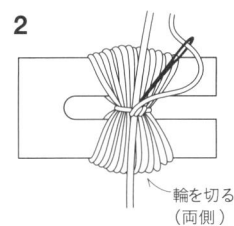

2
輪を切る(両側)

中央を同色の糸でしっかり結び、毛糸を結び目に通して糸端でかがる。両側の輪を切る

3
形よく切りそろえる

[親指の目の拾い方]　親指穴の下側は別糸を通して目を休め、上側は巻き目の作り目(p.38)で目を作ります。

1
別糸を抜いて左針にとり、新たな糸を使って、親指の編込み図案に従って下側の目を編む。

2
下側の10目を編んだところ。

3
親指穴の左隣の目に針を入れ、ねじりながら2目編む。(右下図・親指の目の拾い方参照)。

4
下の10目と上下の間の糸から2目拾ったところ。次に、上側の10目を拾う。

5
上側の目の1目め。作り目の根もとの糸2本がクロスしているところを、2本一度に針を入れて拾う。

6
1目編んだところ。

7
同じ要領で上の目を10目編み、3と同じ要領でねじり目で2目編み、全部で24拾ったところ。

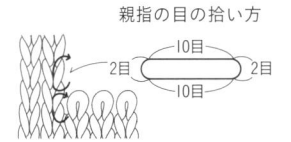

親指の目の拾い方
2目　10目
10目　2目

87

ブックデザイン	渡部浩美	
撮影	長野陽一（口絵）	
	中辻 渉（カバー、プロセス、INDEX）	
スタイリング	岡尾美代子	
ヘア＆メイク	河村慎也（mod's hair）	
モデル	早見あかり	
トレース	大楽里美（p.42〜81）	
	薄井年夫	
	白くま工房	
校閲	向井雅子	
編集	三角紗綾子（リトルバード）	
	宮﨑由紀子（文化出版局）	

[素材提供]

越前屋（アップルトン）
☎03-3281-4911　http://www.echizen-ya.co.jp/

きぬがさマテリアルズ（オステルヨートランド）
http://kinumate.sakura.ne.jp

ダイドーフォワード パピー事業部（パピー）
☎03-3257-7135　http://www.puppyarn.com/

ハマナカ
☎075-463-5151（代）　http://www.hamanaka.co.jp

ハマナカ リッチモア販売部（リッチモア）
☎075-463-5151（代）

[その他の材料の入手先]

シェーラ（ジェイミソンズ スピニング）
☎&FAX 042-455-5185
http://shaela.jimdo.com

スクールハウスプレス
http://www.schoolhousepress.com/

[撮影協力]

ADIEU TRISTESSE　☎03-6853-5710
（p.26、27のチェック柄ストール）

ADIEU TRISTESSE LOISIR 代官山アドレス店　☎03-3770-2605
（p.16、17のジャージーワンピース）

congés payés ADIEU TRISTESSE　☎03-6853-5710
（p.24のショートブーツ）

Vlas Blomme　☎03-5724-3719
（p.8のチュニックシャツ、p.27、28、32の中に着たロングTシャツ、
p.14、15、22のヘリンボーンコート、p.22、27、28のレギンス、
p.27のボビンピン、p.32のストライプパンツ）

AWABEES　☎03-5786-1600

SHILO STUDIO GOTENYAMA　☎03-6450-4240

きょうの編みもの

2011年9月25日　第1刷発行
2020年9月18日　第6刷発行

著　者	三國万里子
発行者	濱田勝宏
発行所	学校法人文化学園 文化出版局
	〒151-8524　東京都渋谷区代々木3-22-1
	☎03-3299-2487（編集）
	☎03-3299-2540（営業）
印刷・製本所	株式会社文化カラー印刷

©Mariko Mikuni 2011　Printed in Japan
本書の写真、カット及び内容の無断転載を禁じます。

・本書のコピー、スキャン、デジタル化等の無断複製は著作権法上での例外を除き、禁じられています。
　本書を代行業者等の第三者に依頼してスキャンやデジタル化することは、たとえ個人や家庭内での利用でも著作権法違反になります。
・本書で紹介した作品の全部または一部を商品化、複製頒布、及びコンクールなどの応募作品として出品することは禁じられています。
・撮影状況や印刷により、作品の色は実物と多少異なる場合があります。ご了承ください。

文化出版局のホームページ http://books.bunka.ac.jp/